Roman Kmenta

Sag dem Leben,
was du von ihm haben willst

IMPRESSUM

1. Auflage 03/2021

Umschlaggestaltung: sternloscreative, Monika Stern
Layout: sternloscreative, Monika Stern
Bildrecht: Cover: Adobe Stock 30879096 (© Sunnydays - erweiterte Lizenz), Kern: Freepik,
Lektorat/Korrektorat: VoV media
Verlag: VoV media – www.voice-of-value.com
ISBN: 978-3-903845-19-0

INHALT

RESSOURCENBEREICH

Es gibt übrigens einen Ressourcenbereich zu diesem Buch, den du unbedingt besuchen solltest.
Dort findest du:

- den kostenlosen 52 Wochen-Kurs „Sag dem Leben, was du von ihm haben willst"
- spannende, weiterführende Links und Beiträge

Über diesen Link gelangst du dorthin:
https://www.romankmenta.com/sag-dem-leben-buch-ressourcen/.

DIE SYMBOLE BEI DEN EINZELNEN KAPITELN

Bei den einzelnen Kapitelüberschriften (und wenn du genau schaust auch neben den Seitenzahlen) findest du in der gedruckten Version des Buches (nicht im E-Book) Symbole. Diese haben eine Bedeutung im Zusammenhang mit den „Sag dem Leben, was du von ihm haben willst Kartenset", sonst brauchst du sie nicht zu beachten. Mehr zum Kartenset erfährst du am Ende des Buches und im Ressourcenbereich.

HOL DIR DEN KOSTENLOSEN 52-WOCHEN KURS

Damit du nicht nur einmal – beim Lesen des Buches – sondern immer wieder daran denkst, die Regeln in deinem täglichen Leben anzuwenden, habe ich mir zwei Dinge für dich überlegt. Das „Sag dem Leben, was du von ihm haben willst" Kartenset (dazu erfährst du gleich mehr) und den kostenlosen 52-wöchigen Kurs.
Registriere dich dafür auf der Ressourcenseite und du erhältst jede Woche als Impuls eine Mail mit einer Regel und einer kurzen Erklärung dazu. Damit gelingt es dir viel besser, deinen Fokus immer wieder auf das zu lenken, was wirklich wichtig ist, auf das, was dich voranbringt, auf das, was du von deinem Leben haben willst.

Hol dir den Kurs gleich jetzt >>
https://www.romankmenta.com/sag-dem-leben-buch-ressourcen/.

Wie ist es so dein Leben? War es bisher gut zu dir? Ist es jetzt gerade gut zu dir? Bist du zufrieden damit? Ohne undankbar sein zu wollen, aber … könnte besser sein? In manchen Aspekten zumindest, manchen Bereichen? Gibt es immer wieder Situationen, in denen du das Gefühl hast, dass das Ergebnis noch nicht das Ende der Fahnenstange ist? Da geht noch mehr. Aber wie?

Möglicherweise haben dich solche oder so ähnlich Gedanken zu diesem Buch geführt, sind dafür verantwortlich, dass du es jetzt in den Händen hältst, neugierig, was es wohl für dich bereithält? Die Lösung all deiner Probleme? Die Antworten auf alle deine Fragen, vor allem auf die besonders quälenden? Die, die du dir selbst stellst? Immer wieder. Den Schlüssel zu der Tür, hinter der deine Potenziale warten, die noch ungenutzten, vielleicht gar unentdeckten?

Danke, das ehrt mich als Autor sehr, wenngleich du damit eine ganz ordentliche Last auf meine Schultern legst, denn immerhin ist es trotz allem nur ein Buch. Lassen wir also die Kirche im Dorf. Obwohl es natürlich Bücher gibt, die Großes bewirkt haben, die Menschen und damit auch die Welt verändert haben und das immer noch tun. So gesehen kann ich mit dieser Last gut umgehen, sie gut ertragen.

Zu erwarten, dass dieses Buch die Welt verändern würde, wäre vermessen. Zu erwarten, dass es deine Welt verändert – ein stückweit zumindest, weil es dir hilft, dich zu verändern – ist allerdings durchaus angebracht. Nicht so sehr deshalb, weil du extrem viel Neues lesen wirst, das du noch nie gehört oder gelesen hättest. Gibt es das überhaupt in diesem Bereich? Vielmehr spreche ich – statt über die neuen – über die wichtigen Dinge. Die wirksamen, die mit dem stärksten Hebel, in dessen Macht es steht, deine Welt aus den Angeln zu heben … wenn du das möchtest.

Und solche Hebel gibt es viele, sehr viele sogar. Zu sagen, welche davon wichtig, die wichtigsten gar sind, ist keine einfache Aufgabe. Wahrscheinlich sogar eine, die nicht zu lösen ist, weil sie einen Aspekt bzw. eine Frage ausklammert: Wichtig für wen?

Nachdem ich das Buch geschrieben habe, sind die Dinge, über die ich schreibe, naturgemäß wichtig für mich. Sie sind wirksam aus meiner ganz persönlichen Sicht. Und doch wage ich zu behaupten – aufgrund der Lebenserfahrung, die sich inzwischen ganz ordentlich angehäuft hat, aufgrund von Gesprächen mit und Beobachtungen von anderen Menschen, dass viele der Themen, über die ich hier schreibe, genauso wichtig für dich und dein Leben sind oder zumindest sein könnten.

Um diese Themen ein wenig greifbarer und für dich leichter nutzbar zu machen, habe ich sie als 12 Regeln formuliert. Anders als etwa die Regeln im Straßenverkehr sind die Regeln im Buch keine, die du befolgen musst. Wie auch? Schließlich kann ich dir ja nichts vorschreiben und das möchte ich auch gar nicht. Die Regeln im Straßenverkehr sind Gebote und Verbote. Die Regeln in diesem Buch hingegen sind vielmehr Wenn-Dann-Abfolgen. Wenn du eine der Regeln für dich anwendest, dann kannst du daraus mit einer bestimmten Wahrscheinlichkeit gewisse Effekte oder Ergebnisse erwarten. Wenn du das nicht tust, sondern vielleicht das Gegenteil davon, ebenso ... aber eben andere Effekte und Auswirkungen. Die Entscheidung liegt bei dir. Triff sie und lebe damit (doch dazu kommen wir später noch ausführlich).

Es sind so gesehen lediglich Empfehlungen aus meiner ganz persönlichen Sicht, solche, von denen ich überzeugt bin, dass sie dich vorwärtsbringen, ein schönes Stück vielleicht sogar. Solche, die ein paar deiner Probleme lösen und ein paar deiner Fragen beantworten, vielleicht sogar welche von den ganz quälenden ... und gleichzeitig (da bin ich ziemlich sicher) neue, bessere Fragen aufwerfen.

Und neue Fragen, bessere vor allem, sind gut. Wenn du dir immer dieselben Fragen stellst, bekommst du meistens dieselben Antworten. Du drehst dich im Kreis. Wenn du dich ändern, dein Leben ändern willst, musst du dir neue Fragen stellen, am besten solche, die du dir bisher noch nicht zu stellen gewagt hast. Wenn das Buch dazu führt, dass du den Mut aufbringst, das zu tun, dann wäre ich aus Autor gar nicht unglücklich für den Anfang.

Ehrlich gesagt habe ich mich schwergetan, mich auf nur 12 Regeln zu beschränken. Es gäbe ja so viele mehr, die sehr viel Sinn machen. Daher habe ich mir ein Hintertürchen offengelassen. Im Grunde stecken sehr viel mehr solcher hilfreichen Empfehlungen bzw. Regeln in diesem Buch. Hinter jeder einzelnen der 12 verbergen sich andere, wie du beim Lesen feststellen wirst. Die 12 sind sozusagen eine Zusammenfassung all der Regeln zu Themen und Überbegriffen.

Und wenn du sie brauchbar und nützlich findest, das Konzept vielleicht sogar magst, habe ich die Vielzahl der Regeln, (Achtung es folgt eine kleine Werbeeinschaltung) die im Buch stecken, auch noch in Form von 52 handlichen Karten in einer kompakten Box, die perfekt in jede Hand- oder Jackentasche passt, herausgebracht. Für unterwegs. Um sie zu reihen, vielleicht nach Nützlichkeit aus deiner ganz persönlichen Sicht. Um einzelne herauszupicken, mit denen du dich vielleicht einen Tag lang oder auch zwei intensiver beschäftigen willst. Um dich vom Lesen einen extrem wichtigen Schritt weiter zu bewegen, zum Umsetzen. Du findest Details dazu im Ressourcenbereich (https://www.romankmenta.com/sag-dem-leben-buch-ressourcen/) und am Ende des Buches (Ende der Werbeeinschaltung).

Dabei behaupte ich auch nicht, dass die 12 oder die 52 alle Regeln wären, die wichtig sein könnten, die es zu beachten gäbe oder die wertvoll genug wären, in einem Buch niedergeschrieben zu werden. Ganz und gar nicht. Doch 12 oder auch 52 sind schon einmal ein sehr solider Anfang, eine Basis, auf der du bereits gut aufbauen kannst. Mehr als genug, meine ich, um zu gewährleisten – immer angenommen, sie werden zumindest teilweise umgesetzt –, dass dein Leben eine ziemlich gute Richtung nimmt.

Beim Schreiben war ich manchmal vielleicht ein wenig heftig in meiner Ausdrucksweise. Man könnte auch sagen: klar. Das ist kein Zufall, sondern volle Absicht. Wie sonst könnte ich auch nur hoffen, meinen Lesern etwas klar zu machen – und sei es auch nur meine Sichtweise –, wenn ich es nicht klar aussprechen würde. Manche Dinge müsste ich sogar hinausschreien (was das Medium Buch nicht hergibt), damit sie gehört und wahrgenommen werden.

Was erwartet dich also in diesem Buch? Tiefe Einblicke in meine Art zu Denken und die Einladung an dich – zumindest versuchsweise, ein Buch lang –, auch so zu denken. Es erwarten dich kraftvolle Impulse, unterhaltsame, kurze Geschichten (nicht ganz ohne Hintergedanken erzählt) und handfeste, sehr konkrete Empfehlungen, allesamt dazu angetan, dir andere, vielleicht sogar ganz neue Sichtweisen auf dich, die Anderen und die Welt zu erschließen.

All das könnte dazu führen, dass du mehr deiner Potenziale nutzt, dich ein Stück weiterentwickelst, wohin auch immer du möchtest, deinen Zielen ein Stück näher kommst oder vielleicht auch ganz neue findest und mehr Erfolg im Leben hast. Was immer du für dich als Erfolg definierst.

Manche würden vielleicht auch meinen, das Buch hilft dir, das zu bekommen, was du verdienst. Doch an dieser Stelle muss ich heftig widersprechen. Das, was du verdienst, hast du nämlich bereits. In den allermeisten Fällen zumindest und Ausnahmen bestätigen bekanntlich die Regel. Das, was du verdienst, ist das Ergebnis dessen, wie du bisher gedacht und gehandelt hast. All das hat dich dahin gebracht, wo du jetzt bist. Akzeptiere diese Verantwortung. Wenn das jemand nicht kann, weil er seine wohlig kuschelige Opferhaltung nicht aufgeben möchte, braucht dieser Jemand das Buch gar nicht erst zu lesen beginnen. In dem Fall wäre es besser, es jetzt, wo es noch unbenutzt ist, als Geschenk für jemanden zu verwenden, der mehr damit anfangen kann.

**» Du willst endlich das bekommen, was du verdienst?
Das hast du bereits. «**

Es geht also nicht darum, was du verdienst, sondern vielmehr darum, was du verdienen willst – und das nicht nur im finanziellen Bereich (wie der Begriff „verdienen" vielleicht nahelegt), sondern ganz allgemein betrachtet. Und nur, wenn du die Verantwortung dafür übernimmst – und zwar die volle –, hast du die Möglichkeit, etwas zu ändern. Solange Andere oder die „Umstände" Schuld sind, nicht. Denn:

» Wem du die Schuld gibst, gibst du die Macht. «

... und die sollte immer in deinen Händen liegen.

Ich merke gerade, dass wir zwar noch beim Vorwort, aber doch schon fast mitten in einem der Themen sind. Lass uns daher ganz offiziell und ordnungsgemäß mit dem Buch beginnen. Jetzt!

REGEL #1

▲

SAG DEM LEBEN, WAS DU VON IHM HABEN WILLST

Zwei junge Frauen – nennen wir sie Alexandra und Sonja – frisch von derselben Uni. Zwar nicht im Sternzeichen, aber doch Zwillinge. Echte, biologische. Und sie sehen sich auch tatsächlich zum Verwechseln ähnlich. Gleiche Kleidung, gleiche Mimik, gleiche Gestik, gleiches Verhalten. Beide bewerben sich um einen Job, denselben, im selben Unternehmen. Nach einigen Gesprächen und Interviews werden beide eingestellt und starten zusammen in der Marketingabteilung. Und doch gibt es einen Unterschied. Einen kleinen, aber bedeutenden. Einen entscheidenden.

Gefragt nach ihren Zielen, hatte Alexandra schon beim Vorstellungsgespräch gesagt, dass sie in fünf Jahren eine Führungsposition im Unternehmen haben wolle. Und seither hat sie das bei jedem Mitarbeitergespräch wieder erwähnt. Höflich, aber hartnäckig. Nicht, dass man sie nach dem Bewerbungsgespräch je mehr nach ihren längerfristigen Zielen gefragt hätte. Kein einziges Mal. So beliebt diese Frage in Bewerbungsgesprächen ist, so selten wird sie danach gestellt, wenn ein Mitarbeiter erst mal an Board ist ... interessanterweise.

Doch Alexandra hat nicht darauf gewartet, dass sie danach gefragt wurde. Sie hat es auch so gesagt. Ungefragt. „Und übrigens, Sie wissen ja, dass ich mich weiterentwickeln und Personalverantwortung übernehmen will. Wie sieht es denn da aus? Welche Möglichkeiten gibt es denn?“

Sonja hat sich in der Marketingabteilung ebenso gut eingearbeitet wie ihre Schwester. Sie sind ja auch beide gleich begabt und gleich fleißig. Sie brachte gleich gute Ergebnisse wie ihre Schwester. Und Sonja hätte – wäre Sie gefragt worden – ebenso Interesse an einer Führungsposition und würde wahrscheinlich eine ebenso gute Führungskraft abgeben. Sie will das auch, nur gesagt hat sie es niemandem. Niemals. Aber Sie hofft dennoch.

Fünf Jahre später gibt es tatsächlich eine Führungsposition zu besetzen. Es wird eine frische Nachwuchsführungskraft gesucht. Beide, Alexandra und Sonja, hatten sich in ihrem Job wie erwähnt gleich gut entwickelt, waren gleich erfolgreich. Sie würden sich im Prinzip beide für die Führungsposition eignen. Welcher wird man den Job wohl anbieten? Was denkst du?

Richtig, Alexandra hat die deutlich besseren Karten. Du weißt das, selbst wenn du weder Alexandra noch Sonja genauer kennst, noch das Unternehmen und ihre Vorgesetzten. Und warum hat Alexandra die besseren Karten? Sie hat gesagt, was Sie haben will. Immer wieder. Und obwohl sie es nicht wirklich gefordert hat, so entstand bei Ihren Vorgesetzten doch der Eindruck, dass sie es erwartet. Fest davon ausgeht. Ganz ohne Zweifel. Dass es ihr zusteht. Dass es ihr Recht ist, eine solche Position zu bekommen. Vielleicht kein gottgegebenes Recht, darüber könnte man diskutieren. Vielmehr eines, das sie sich genommen hat. Es stand ja da rum, das Recht. Ungenutzt. Zur freien Entnahme. Und so hat sich Alexandra bedient.

Dabei ist das Prinzip nicht neu. Ganz im Gegenteil. Sehr alt sogar. In der Bibel bei Matthäus 7:7 (ebenso an diversen anderen Stellen bei z. B. Lukas und Johannes) ist es bereits zu lesen. Schwarz auf weiß.

„Bittet, so wird euch gegeben; suchet, so werdet ihr finden; klopfet an, so wird euch aufgetan. Denn wer da bittet, der empfängt; und wer da sucht, der findet; und wer da anklopft, dem wird aufgetan."

Neben all der Show, all der Folklore rund um die Ausübung einer Religion, die oft die Sicht auf das Wesentliche vernebelt, verbergen sich in ihrem Kern oft sehr brauchbare Regeln und praktische Anleitungen, das Leben besser, erfolgreicher zu bewältigen.

KINDER KÖNNEN DAS

Kinder können das übrigens. Als Kinder konnten wir das alle. Du auch. Sagen, was du haben willst. Klar, deutlich, unmissverständlich. Und wie lange, wie oft sagen Kinder das? Bis sie bekommen, was sie wollen. Manchmal unter Einsatz aller zur Verfügung stehenden Mittel. Schreien, weinen, auf den Boden werfen, sich herumwälzen und strampeln. Der Zweck heiligt für sie definitiv die Mittel. Keine Frage.

» Kinder sagen, was sie haben wollen. Erwachsene warten, bis sie gefragt werden. «

Doch irgendwann verlernen wir das. Es wird uns abgewöhnt. Das gehört sich nicht, heißt es. Das tut man nicht. Du kannst nicht so einfach sagen, was du haben willst. Warte, bis du gefragt wirst. Und dann sind wir erwachsen. Halten unsere Wünsche geheim. Sagen den anderen und dem Leben nicht, was wir haben wollen. Vielmehr erwarten wir, dass die anderen von selbst draufkommen. Das Leben auch. Manchmal geschieht das auch. Manchmal, aber viel zu selten. Und so warten wir und hoffen und sind enttäuscht, wenn das Leben unsere Wünsche nicht erfüllt.

» Wir sagen nicht, was wir haben wollen, und sind enttäuscht, wenn wir es nicht bekommen. «

Ist das nicht seltsam? Gelinde gesagt. Warum machen wir es uns so schwer, wo es so leicht sein könnte? Wir zerbrechen uns den Kopf und fragen uns: Warum? Warum will uns das Leben nicht geben, was wir haben wollen?

Dabei ist es doch so klar. So logisch. „Das muss der doch sehen. Auch wenn ich es nicht sage.", denkst du dir vielleicht. „*Dann muss es Absicht sein. Der will mir das absichtlich vorenthalten. Das Leben auch. Warum mag mich das Leben nicht? Hasst mich sogar?*"

Könnte es aber vielleicht nicht auch einfach so sein, dass sie nicht wissen, was du haben willst? Das Leben nicht und die anderen erst recht nicht? Rein theoretisch? Was wäre dann? Würde das ihr Verhalten erklären? Würde das erklären, was dir das Leben serviert bzw. nicht serviert?

Wann hast du zum letzten Mal nicht gesagt, was du haben willst? Nein, nicht gestern Abend zum Kellner im Restaurant. Da konntest du das interessanterweise vortrefflich. Das ist gut zum Üben, zählt aber nicht wirklich. Nein, ich meine zu deinem Partner, deiner Vorgesetzten, deiner besten Freundin, dem Leben? In Situationen, wo das nicht jeder macht, wie in einem Restaurant, sondern in solchen, in denen das kaum jemand macht. Wie viele Male hast du schon nicht gesagt, was du haben willst, und es nicht bekommen? Was alles hast du in deinem Leben nicht bekommen, weil du es nicht gesagt hast? Weil es das Leben einfach nicht wusste? Weil es niemand wusste?

Nein, du wirst nicht alles bekommen, was du dir wünscht, nur weil du es sagst. Das wäre zu einfach. Zu billig. Aber zumindest schließt du damit aus, dass du etwas nicht bekommst, weil es die anderen nicht wissen. Und du erhöhst so deine Chancen. Dramatisch sogar!

Doch um das zu tun, brauchen wir wieder etwas mehr von dem, was wir als Kinder hatten. Nein, ich sage nicht, du sollst dich auf den Boden werfen und laut schreien, bis du bekommst, was du willst. Das würde nicht funktionieren. Oder vielleicht würde es das sogar. Wer weiß? Wenn du es ausprobierst, lass mich bitte wissen, wie es war. Schick mir eine Mail, aber mit einem Foto von der Szene bitte. In jedem Fall aber – da bin ich sicher – hätte es Konsequenzen. Weniger positive vermutlich.

Es geht nicht um das kindliche Verhalten. Vielmehr um die kindlichen Qualitäten wie wahren Mut, unglaubliche Hartnäckigkeit, grenzenlose Energie und eine beneidenswerte Selbstverständlichkeit. Den Mut, laut auszusprechen, was du haben willst. Die Hartnäckigkeit und die Energie, es immer wieder zu tun. Die Selbstverständlichkeit, zu erwarten, dass du es bekommen wirst. Ganz ohne Arroganz, aber auch ohne jeden Zweifel.

DIE HÜRDE, ZU WISSEN, WAS DU WILLST

Doch oft scheitern wir bei der Umsetzung dieses Gedankens, dieses Prinzips nicht daran, dass wir nicht sagen, was wir haben wollen. Das wäre bereits ein fortgeschrittenes Scheitern. Oft scheitern wir an einer ganz anderen Stelle. Viel früher. Oft scheitern wir daran, dass wir gar nicht wissen, was wir wollen. Auch da sind uns Kinder weit voraus. Sie scheinen immer zu wissen, was sie wollen. Zumindest scheint es so. Vielleicht deshalb, weil sie es uns dann, wie dargelegt, unmissverständlich wissen lassen.

Und ja, ich gebe zu, es ist schwerer geworden, zu wissen, was man will. Früher, sehr viel früher, war das viel einfacher. Man wollte etwas zu essen, ein Dach über dem Kopf und in manchen Zeiten auch einfach nur den nächsten Sonnenaufgang erleben. Die Zeiten sind – zum Glück – vorbei. Und sollte ich bei dem einen Leser oder der anderen Leserin den Eindruck erweckt haben, dass ich mir diese in einem Anflug verklärter Romantik wieder herbeiwünsche, dann ist dieser Eindruck falsch. Ich bin sehr froh, dass es nicht mehr so einfach ist, zu wissen, was wir wollen. Zumindest hier in der westlichen Welt. Sogar in den meisten Zweite-Welt-Ländern sind die Menschen darüber hinaus.

Es ist sogar sehr gut, dass es nicht mehr so einfach ist, denn das impliziert, dass es uns recht gut geht und wir uns zumindest keine Sorgen mehr über die grundlegenden Dinge des Lebens zu machen brauchen. Vielmehr gibt es heutzutage kaum mehr einen Bereich, wo wir nicht die Wahl hätten.

Speisekarten mit dutzenden Gerichten oder auch über Hundert in so manchem asiatischen Restaurant. 20 Kinofilme an einem Abend im näheren Umkreis ... ok, wenn du nicht weit draußen auf dem Land wohnst – und selbst dort: Tausende auf Abruf bei Netflix. Unzählige Ausbildungsmöglichkeiten für Schüler, die sich fragen „*Was soll ich bloß werden?*". Und wenn wir etwas kaufen wollen – egal was –, dann stehen uns in den meisten Fällen auf Knopfdruck nicht ein paar, sondern ein paar Hundert Varianten allein auf Amazon online zur Verfügung.

Zugegeben, das ist Jammern auf hohem Niveau. Die meisten Bewohner aus ärmeren und armen Regionen der Welt würden ob solcher Probleme nur verständnislos den Kopf schütteln. Sie würden einfach nicht verstehen, wo das Problem liegt. Zugegeben, es handelt sich dabei um ein Luxusproblem. Dennoch, es ist ein Problem. Die Qual der Wahl.

Dieses Problem wurde sogar von Psychologen in wissenschaftlichen Studien belegt. Bücher wurden darüber geschrieben. „The Paradox of Choice" von Barry Schwartz z. B. Die Studien zeigten kurz zusammengefasst folgendes Phänomen: Je mehr Auswahl wir haben, desto größer ist die Wahrscheinlichkeit, dass wir uns gar nicht entscheiden.

Doch sich nicht zu entscheiden, ist letztlich auch eine Entscheidung, nämlich jene, den Status quo, den Ist-Zustand unverändert zu lassen. Und diese Situation kann bisweilen länger andauern, manchmal sehr lange, ganz abhängig von der Thematik, um die es geht, von der subjektiv empfundenen Wichtigkeit der Entscheidung. Doch mit dem Thema Entscheidungen werden wir uns später noch ausführlicher beschäftigen.

Fakt bleibt, damit du dem Leben sagen kannst, was du von ihm willst, musst du wissen, was du willst. Solange du das nicht weißt, verharrst du entweder in einem Schwebezustand, der dich nirgendwo hinführt, oder aber es geschieht etwas anderes.

LEBE DEIN LEBEN

Solange du nicht weißt, was du willst, schaffst du ein Vakuum, das danach drängt, gefüllt zu werden. Und wenn du es nicht füllst mit deinen Ideen, Plänen und Zielen, dann machen es andere.

In bestimmten Berufszweigen ist – gefühlt viel öfter als in anderen – ein interessantes Phänomen zu beobachten: In vorindustriellen Zeiten war es normal, dass der Sohn denselben Beruf ausübte wie der Vater. Wenn der Vater Schmied war, war es so gut wie sicher, dass auch der Sohn Schmied wurde. Ausnahmen dazu waren sehr viel seltener als heute. Es gab sehr viel weniger Alternativen und Möglichkeiten, einen anderen Weg zu beschreiten.

Heutzutage hat sich das relativiert. Im Prinzip kann heute jeder alles werden, wirklich alles, und manche werden das auch. Dennoch fällt mir immer wieder auf, dass es in Berufen wie Arzt, Rechtsanwalt oder auch Schauspieler gang und gäbe zu sein scheint, dass mehrere Generationen immer wieder denselben Beruf wählen, nämlich den des Vaters oder den der Mutter. Jetzt spricht natürlich grundsätzlich gar nichts dagegen, dass jemand Arzt, Rechtsanwalt oder Schauspieler wird. Überhaupt nicht.

Die Frage, die man sich allerdings kritisch stellen könnte, ist jene nach dem Warum. Ist der Nachwuchs so fasziniert vom Beruf des Vaters, dass er sich nichts Schöneres vorstellen kann, als ebendiesen auch zu ergreifen. Wunderbar ... eine gewisse Eignung vorausgesetzt. Es könnte aber auch sein, dass von manchen Eltern das oben erwähnte Vakuum ganz gezielt gefüllt wird. In bester Absicht natürlich. „*Mein Sohn kann werden, was er will. Ich rede ihm da gar nicht rein. Internist, Chirurg, Kardiologe oder auch Orthopäde. Ihm stehen alle Möglichkeiten offen.*" könnte man aus dem Munde stolzer und sendungsbewusster Eltern durchaus hören. Für Töchter trifft das natürlich ebenso zu.

Doch auch das Gegenteil kann der Fall sein und ist es auch sehr oft. Die Mutter wollte vielleicht immer Architektin werden, hatte allerdings nie die Möglichkeit, zu studieren, oder war vielleicht auch nicht talentiert genug. Deshalb – so die logische Schlussfolgerung – muss die Tochter genau diesen Weg an ihrer Stelle beschreiten. Nicht, dass die Mutter das so sehen oder sagen würde. Es ist ihr vermutlich gar nicht bewusst.

Und doch wird gelenkt und gesteuert in einer Phase des Erwachsenwerdens, die bei vielen nicht gerade davon geprägt ist, schon sehr genau zu wissen, was sie wollen.

Die Wahl, was man will, wird auf die eine oder andere Weise, sehr viel öfter als wir denken, von anderen getroffen, die in die Bresche springen und das Vakuum mit Freude auffüllen, das wir hinterlassen haben. Wenn es dabei nur darum geht, wie der Abend verbracht wird – Kino oder doch lieber zuhause vor dem Fernseher abhängen –, welches Restaurant besucht wird oder ob man die Party von Freunden besucht oder nicht, ist das noch nicht weiter schlimm. Dann machen wir eben das, was unsere Freunde, Partner oder auch Eltern wollen.

Wenn dieses Muster allerdings zum Normalfall wird, wenn ständig die anderen, die ganz genau wissen, was sie wollen, darüber bestimmen, dann nimmt es schon deutlich bedenklichere Dimensionen an. Wenn es um die grundsätzliche Ausrichtung des Lebens, die Partnerwahl oder Berufswahl etwa geht, dann führt das dazu, dass viele nicht ihr eigenes Leben, sondern das der anderen Leben. Das Leben, das jemand anderer für uns bestimmt hat. Jemand, der weiß, was er will, und einfach davon ausgeht, dass es auch das ist, was ich will.

Und ehrlicherweise kann man diesen anderen nicht einmal einen Vorwurf daraus machen. Nicht immer zumindest. Bevor ziellos über die Kanäle gezappt und nichts wirklich im Fernsehen gesehen wird, scheint es allemal vernünftiger, wenn stattdessen ein konkreter Vorschlag eingebracht wird. Das ist, wie erwähnt, auch nicht so dramatisch. Es geht um einen Film, einen Abend.

Doch könntest du dich an dieser Stelle fragen – so du das nicht ohnehin schon seit ein paar Absätzen machst –, wessen Leben du führst. Dein eigenes oder das von jemand anderem? Und sollte die Antwort die zweite sein, dann wäre es nicht die richtige Reaktion darauf, nun dem anderen die Schuld daran zu geben und ihm oder ihr einen Vorwurf zu machen. Nicht aus meiner Sicht. Es konnte ja schließlich nur deshalb so weit kommen, weil du ein Vakuum erschaffen hast, das die anderen bereitwillig gefüllt haben. Das Problem ist nicht das Füllen, sondern das Vakuum.

Letztlich gehen wir im Leben immer irgendwohin. Selbst, wenn wir scheinbar auf der Stelle treten, bewegt und entwickelt sich die Welt um uns beständig weiter. Und entweder du weißt, was du willst, und sagst das dem Leben und all jenen, die es hören wollen, und natürlich auch jenen, die das nicht hören wollen –, klar und deutlich. Oder du gehst eben dahin, wohin die anderen wollen, die genau das tun.

REGEL #2

■

HÖR AUF, ZU GLAUBEN, WAS DU DENKST

Das eben erwähnte Vakuum spielt auch in einem anderen Zusammenhang eine wesentliche Rolle. In unserem Gehirn. Damit meine ich nicht die These, die von vielen Menschen vertreten wird, die behaupten, dass die meisten anderen nichts im Kopf hätten (nett formuliert). Vielmehr ist genau das Gegenteil das Problem, manchmal zumindest.

Wenn wir unser Gehirn gerade nicht mit einer konkreten Aufgabe beschäftigen, ist ihm – so scheint es – langweilig. Es beginnt, sich mit sich selbst zu beschäftigen und produziert – oft scheinbar wahl-, ziel- und zusammenhanglos – einen nie enden wollenden Strom von Gedanken. Manchmal nur Fetzen und Bruchstücke, ein anderes Mal größere Einheiten. Auch das ist nicht grundsätzlich ein Problem. Problematisch wird es erst dann, wenn zwei Faktoren aufeinandertreffen: Es sind Gedanken, die nicht förderlich sind und uns sogar schaden, und – der zweite Faktor – dass wir diesen Gedanken auch noch Glauben schenken.

Selbst diejenigen unter uns, die Informationen gegenüber, die von außen an sie herangetragen werden, sehr kritisch sind – oft zurecht, wie wir noch feststellen werden –, akzeptieren das, was ihr eigenes Gehirn an Informationen produziert oft, ohne es auch nur einen Moment lang zu hinterfragen. Der Grund hierfür ist hauptsächlich der, dass wir oft gar nicht bewusst wahrnehmen, was unser Gehirn so an Gedanken produziert, wenn ihm gerade langweilig ist. Wir bekommen es schlicht nicht mit, wenn wir nicht speziell darauf achten – wie du möglicherweise jetzt gerade, nachdem du diesen Absatz gelesen hast. Was denkt dein Gehirn gerade?

DU WIRST GEDACHT

Man könnte es auch als unbewusstes Denken bezeichnen. Statt zu denken, wirst du gedacht, ganz ohne dein Zutun. Im Unterschied dazu ist das bewusste Denken die Tätigkeit, bei dem du deinem Gehirn eine Aufgabe stellst, an der es dann zu arbeiten hat. Wie viel ist 27 x 13 oder auch: Wohin könnten wir dieses Jahr in den Urlaub fahren?

Die Schädlichkeit des unbewussten Denkens liegt, wie erwähnt, unter anderem darin, dass häufig Gedanken produziert werden, die uns potenziell schaden. Wir sagen etwa Dinge zu uns selbst, die wir jemand anderem niemals gestatten würden, zu uns zu sagen. Wir kritisieren uns, beschimpfen uns sogar auf derbste Art und Weise.

Wir machen unsere kleinen „Fehler" viel größer, als sie möglicherweise sind, ohne jemals auch nur ein nettes Wort des Lobes oder der Anerkennung zu hinterlassen. Meist bleiben diese Gedanken stumm, doch manchmal führen wir auch halblaute Selbstgespräche. „*Oh Gott, bin ich fett geworden! Das ist wieder einmal typisch, dass so etwas ausgerechnet mir passiert! Ich bin so was von blöd!*" sind da ein paar der weniger dramatischen Beispiele. Es geht definitiv noch schlimmer. Was würdest du tun, wenn das jemand anderer zu dir sagen würde? Nie mehr ein Wort mit diesem Menschen reden? Ihn schlagen? ... was er ja wirklich verdient hätte.

In jedem Fall würdest du dich verbal wehren, dich verteidigen, widersprechen. So eine Frechheit, diese Unwahrheit kann man ja auch nicht einfach so im Raum stehen lassen und akzeptieren. Doch genau das tun wir nicht, wenn wir es selbst sind, der das zu uns sagt. Selbst, wenn es uns einmal bewusst wird, widersprechen wir uns nicht. Darauf angesprochen (und ich mache das regelmäßig, wenn es mir bei anderen auffällt), beginnen wir sogar noch, die geäußerte Kritik, die Beleidigung zu verteidigen. „*Na, ist ja auch wahr!*", höre ich da regelmäßig als Antwort.

Und wenn dieser kurze Absatz nur dazu geführt hat, Teile der Gedanken, die dein Gehirn so produziert, wenn es gerade nichts Besonderes zu tun hat, aus dem Unbewussten ans Tageslicht zu zerren – sie bloßzustellen im barsten Sinne des Wortes –, dann ist damit ein wichtiger erster Schritt getan. Bisweilen sogar noch mehr. Im hellen Tageslicht betrachtet, rational analysiert, logisch hinterfragt, halten viele dieser unbewussten Gedanken einer solchen Prüfung nicht stand.

„*Immer passiert mir so etwas!*", „*Immer? Stimmt das? Das würde ja bedeuten, dass dir nie etwas anderes passiert in vergleichbaren Situationen, oder auch, dass es den anderen nie passiert. Hast du dich noch nie anders verhalten? Sind die anderen alle so fehlerfrei?*" Das wären Fragen, die dir ein Coach gegebenenfalls an dieser Stelle stellen würde. Auch wenn es uns schwerfällt, müssen wir zugeben, dass der ursprüngliche Gedanke, die negative Aussage über uns, so nicht haltbar oder gar vollkommen an den Haaren herbeigezogen und frei erfunden ist und somit jeglicher realen Grundlage entbehrt.

Doch meist passiert das nicht. Es fehlt uns an Bewusstheit. Wir kriegen es, wie gesagt, nicht einmal mit, wenn wir uns derart durch die Mangel drehen. Doch warum eigentlich? Warum tun wir das? Schließlich könnte unser Gehirn ja in den Zeiten, wo sonst nichts zu tun ist, förderliche Gedanken produzieren. „*Gut siehst du heute wieder aus! Das hast du gut gemacht! Du hast dich wirklich weiterentwickelt, was das angeht!*" Ich will nicht behaupten, dass das nie der Fall ist. Und doch habe ich das Gefühl, dass diese Art Gedanken deutlich in der Minderheit ist. Aber beurteile das am besten selbst, soweit es dich betrifft.

Doch warum? Wir sind ständig bemüht, bestehende sogenannte Glaubenssätze zu bestätigen. Glaubenssätze sind einfach gesagt Aussagen über uns, die anderen und die Welt, die wir für wahr halten. Sie sind eine der Grundlagen für unser Bild von der Welt und vor allem auch für unser Selbstbild. Und dieses sind wir beständig bemüht zu untermauern, um es zu verstärken, selbst wenn es ein – in manchen Bereichen – negatives ist.

Dabei handeln wir ganz nach der Devise: „*Besser ein stabiles Selbstbild, auch wenn es nicht so toll ist, als eines, das wackelt.*". Und genau daran arbeitet – zum Teil – unser Gehirn, wenn wir es gerade nicht aktiv nutzen. Es schüttet Erde, manchmal Zement, am Fuße der Glaubenssätze auf, damit diese bloß nicht instabil werden. Das könnte nämlich dazu führen, dass das Selbstbild oder das Bild von der Welt ins Wanken gerät oder gar in sich kollabiert. Und was dann? Schlimmer als eine negative Situation scheint Unsicherheit zu sein. Leichter fällt es uns offenbar, mit einer negativen Situation zu leben, als mit einer, wo wir nicht wissen, wie die Welt ist, wie wir selbst sind.

„*Das ist deine letzte Chance. Danach gibt es kein zurück. Nimm die blaue Pille – die Geschichte endet, du wachst in deinem Bett auf und glaubst, was du auch immer glauben willst. Nimm die rote Pille – du bleibst hier im Wunderland und ich werde dir zeigen, wie tief das Kaninchenloch reicht.*", sagt Morpheus im Film „Matrix" zu Neo. Dieser entscheidet sich dann kurzerhand für die rote. Viele von uns schlucken täglich die blaue und belügen sich auch weiterhin selbst. Wie ist das mit dir?

HAUPTSACHE, DU BEHÄLTST RECHT

Doch wie kommt es überhaupt so weit, dass wir negative Gedanken über uns produzieren? Ein Grund dafür könnte ein kultureller sein. Wir sind – und damit meine ich weite Bereiche der westlichen Welt – stark christlich geprägt. Und nun möchte ich gar nicht zu tief in eine religiöse Diskussion einsteigen, doch – zumindest aus meiner subjektiven Sicht betrachtet – vermittelt der christliche Glaube kein besonders positives Selbstbild (was übrigens nicht bedeutet, dass andere Religionen da besser sind. Diese kenne ich zu wenig, um eine Aussage zu treffen).

All das Gerede von Schuld und Sünde, Erbsünde sogar, mit der wir schon, mit der Last der Generationen vor uns auf den Schultern, das Licht der Welt erblicken, ist nicht unbedingt dazu angetan, positive Glaubenssätze über uns selbst und ein positives, gesundes, starkes Selbstbild zu entwickeln. Ganz im Gegenteil. Und auch die weniger eifrigen Kirchengänger unter uns können sich dem nur schwer und geschweige denn völlig entziehen. Schon gar nicht in den ersten Lebensjahren, in denen die stärkste Prägung stattfindet. Da verinnerlichen wir den größten Teil des „Mists", der uns dann das gesamte restliche Leben zu schaffen macht und den wir teilweise auch nie mehr loswerden.

Ist so ein Glaubenssatz – negativ oder positiv – erst einmal gebildet, beginnt er, seine Wirkung zu entfalten. Er will stärker werden oder zumindest seine Existenz absichern. Und das macht er – sehr schlau und effektiv –, indem er einen Schritt vorher ansetzt, bei der Wahrnehmung. Wir denken über das nach, was wir wahrnehmen.

Klar. Soweit so gut, aber auch nicht erstaunlich. Viel spannender finde ich allerdings die Tatsache, dass wir das wahrnehmen, was wir denken. Um in diesem Punkt ganz klar zu sein: Wir sehen und hören, aber auch schmecken, riechen und fühlen nicht das, was ist, sondern das, was wir erwarten, wahrzunehmen. Das, was unsere bestehenden Glaubenssätze bestätigt, untermauert und verstärkt. Egal was, aber Hauptsache, du behältst recht.

Wenn du dich also in einem Punkt für „unfähig" hältst, dann wird dir alles auffallen, wo sich deine Unfähigkeit zeigt. Jeder noch so kleine Fehler wird zum großen Versagen aufgebauscht und als Beweis für deine „Unfähigkeit" herangezogen. All das, was du gut machst, was dir gelingt, wird nicht nur nicht wertgeschätzt, sondern tatsächlich nicht wahrgenommen. Es entgeht dir ganz einfach. Als ob es einfach nicht passiert wäre.

Das wirklich Groteske daran ist, dass wir uns ob eines solchen Versagens zwar schlecht fühlen, aber nicht nur. Dem gegenüber steht das gute Gefühl, recht gehabt zu haben. *„Ich wusste ja, dass ich unfähig bin!“*, verkünden wir dann im Stillen oder auch laut den anderen gegenüber, und kosten den Moment des „Triumphes“ aus. Sehr seltsam ... gelinde gesagt, oder? Warum tun wir das? Wenn wir meinen, schon keine Anerkennung für unsere tolle Leistung erhalten zu können, dann zumindest dafür, dass wir recht hatten.

Natürlich hoffen wir insgeheim auch, dass uns jemand widerspricht, uns tröstet, und wir uns so fallen lassen und im Selbstmitleid suhlen können. Ist schon ein tolles Gefühl ... eine Zeit lang ... aber leider – oder zum Glück – nicht nachhaltig. Fühl dich ruhig ertappt, wenn du das Muster wiedererkennst. Es erfährt ja niemand sonst und ich sage es nicht weiter, versprochen.

Kein Wunder also, dass wir still und heimlich schlecht über uns reden, wenn wir schlecht über uns denken. Dabei ist, wie erwähnt, der erste und wichtigste Schritt in Richtung Besserung jener, sich dessen bewusst zu werden. Nicht immer, aber immer wieder und im Laufe der Zeit immer öfter. Dabei geht es noch gar nicht darum, etwas an diesen kontraproduktiven Angewohnheiten zu ändern, sondern diese einfach nur wahrzunehmen, dich beim Denken zu beobachten und dir beim Sprechen zuzuhören. Aus der Metaposition des stillen Beobachters sozusagen, der sich nur wundern kann, was da so ans Tageslicht kommt.

Wenn du das erst einmal geschafft hast und diese Beobachterposition eine Zeit lang einnimmst, wird es dir – ganz automatisch – immer schwerer fallen, dir all das, was du so von dir gibst, ernst, geschweige denn für bare Münze zu nehmen.

WARUM SORGEN LÜGEN SIND

Einen weiteren großen Teil der kontraproduktiven Gedanken, die unser Gehirn in seiner Freizeit so produziert, sind Gedanken über die Zukunft. Auch da sind es oft nicht die rosarot gefärbten Zukunftsbilder, die wir uns ausmalen. Viel lieber haben wir die grauen bis dunkelschwarzen, auch Sorgen genannt.

Was könnte nicht alles Schlimmes passieren? Und ja, es passiert tatsächlich viel Schlimmes. Zu viel, keine Frage. Doch nicht annähernd so viel, wie du dir vielleicht im Rahmen deiner Sorgen so ausmalst. Zu Glück, denn sonst wärst du, wenn nicht Dauergast im Krankenhaus oder einer geschlossenen Anstalt, bereits tot. Glaube nicht, was du denkst. Ein großer Teil deiner Sorgen, der allergrößte sogar, ist absolut unbegründet. Diese Dinge werden nicht passieren. Niemals.

Jetzt kann ich das natürlich einfach behaupten und entspannt niederschreiben. Es sind ja deine Sorgen und dein Leben. Doch in dem Punkt kannst du es dir sogar selber beweisen, wenn du möchtest. Du könntest all deine Sorgen, die dir so im Laufe eines Tages oder auch einer Woche in den Sinn kommen, aufschreiben. Du könntest sogar noch einen Schritt weitergehen, das aktuelle Datum festhalten und das Eintreffen jedes einzelnen dieser grauen Zukunftsszenarien mit einem Datum und der Wahrscheinlichkeit des Eintreffens versehen. *„Ich werde bis Ende kommenden Jahres den Job verlieren. Wahrscheinlichkeit 50 %.“* Schreib es auf.

Warum du das machen solltest? Wofür das gut ist? Ganz einfach. Auf diese Art und Weise kannst du deine Prognosegenauigkeit mit wissenschaftlicher Präzision evaluieren. Du könntest – im Rückblick – statistisch berechnen, wie viel Prozent deiner Prognosen tatsächlich im vollen Umfang eingetreten sind und welche nur teilweise. Die allergrößte Gruppe – das wage ich jetzt schon zu behaupten – wird die jener Prognosen sein, die gar nicht eingetroffen sind. Überhaupt nicht. Jene, bei denen sogar so etwas wie ein Gegenteil wahr wurde. Statt deinen Job zu verlieren, bist du befördert worden und hast eine Gehaltserhöhung bekommen.

Wenn wir nicht wissenschaftlich genau festhalten und analysieren, tendieren wir dazu, jene Ereignisse, die wir sorgenvoll vorhergesagt haben und die auch eingetroffen sind, als Treffer zu feiern. *„Ich habe es dir ja gleich gesagt.“*

Die Vielzahl der anderen aber, die uns tagelang beschäftigt und nächtelang wachgehalten haben, sind bereits vergessen, so, als ob sie niemals da gewesen wären. Unsere Trefferquote ist auf diese Art und Weise natürlich außerordentlich gut und lässt Nostradamus und das Orakel von Delphi neben uns echt blass aussehen.

Was auch sein könnte, wenn du diese seltsame Idee des Niederschreibens-und-mit-Datum-und-Wahrscheinlichkeit-Versehens (das ist wichtig, sie niederzuschreiben alleine ist nur die halbe Miete) ausprobierst, ist, dass dir bereits beim Niederschreiben klar wird, wie unrealistisch (nett gesagt) deine Annahmen über die Zukunft sind. Es könnte gut sein, dass es gar nicht mehr zur Niederschrift kommt, weil du zu dem Schluss kommst, dass es sich nicht lohnt, diesen Blödsinn auch noch schriftlich festzuhalten.

Glaube nicht, was du denkst ... und schon gar nicht, wenn es etwas ist, was möglicherweise erst irgendwann in der Zukunft eintreffen könnte. Du bist nicht das Orakel von Delphi und vermutlich auch keine Reinkarnation von Nostradamus ... wage ich zumindest zu behaupten.

STILLE POST, NUR SCHLIMMER

Und wenn es schon, wie dargelegt, nicht empfehlenswert ist, das zu glauben, was du über dich bzw. deine Zukunft denkst, dann ist es noch sehr viel weniger ratsam, das zu glauben, was du über andere denkst. Die Erklärung dafür ist ganz logisch und einfach.

In dieser Konstruktion sind statt einem zwei Gehirne involviert – deines und das der anderen Person. Und all das in den letzten paar Absätzen Besprochene trifft natürlich nicht nur auf dich und dein Gehirn, sondern auch auf das der jeweils anderen Person zu. Das macht die ganze Sache nicht einfacher und schon gar nicht besser – gelinde gesagt.

1 x wirres Zeug (deines) MAL 1 x wirres Zeug (das der anderen Person) = wirres Zeug zum Quadrat ... Mathematisch korrekt. Und wirres Zeug zum Quadrat ist schon sehr weit von der Realität entfernt. Das ist wie bei der stillen Post, nur schlimmer. Zu weit, um auf dieser Basis Entscheidungen treffen zu können, geschweige denn gute.

Es wird wahnsinnig viel interpretiert, was die Beweggründe, Denkweisen und das Verhalten anderer angeht. Dabei wissen die anderen schon wenig oder nichts darüber, weil sich ihr Gehirn möglicherweise gerade mit sich selbst beschäftigt und sie währenddessen etwas anderes tun.

Und so wie wir sehr gerne Prognosen über die Zukunft machen, treffen wir auch Annahmen über andere. *„Der ist jetzt nur nett zu mir, weil er etwas will."*, *„Die lässt mich absichtlich warten, um mich zu gängeln und mir zu beweisen, dass sie am längeren Hebel sitzt."* Wahr? Keine Ahnung, aber die Wahrscheinlichkeit, dass es wahr wird, steigt. Wie wirst du denn jemanden behandeln, der dich gängeln will? Wie verhältst du dich jemandem gegenüber, der dir nur deshalb Honig ums Maul schmiert, weil er etwas von dir will? Selbsterfüllende Prophezeiung heißt so etwas.

Und ganz nebenbei ... sagen solche Annahmen über andere nicht sehr viel mehr über dich aus als über jene? Vielleicht entspringt das *„Der ist ja nur nett zu mir, weil er etwas von mir will."* einem tief sitzenden Glaubenssatz, der dich daran hindert, es für möglich zu halten, dass jemand einfach nur so nett zu dir ist. Einfach, weil er ein netter Mensch ist oder weil er dich sympathisch findet, dich vielleicht sogar mag, ohne gleich etwas zu wollen.

Ich weiß, ganz schön blauäugig von mir, mit so einem Menschenbild durch die Welt zu laufen. Und riskant zusätzlich. Mag sein, doch interessanterweise lebt es sich sehr gut so. Besser als mit der leicht paranoiden Variante. Beides getestet, kein Vergleich.

Wir interpretieren einfach zu vorschnell und zu viel und vor allem – basierend auf den oben erwähnten negativen Glaubenssätzen – tendenziell einseitig zu Ungunsten der anderen und damit letztlich auch zu unseren eigenen Ungunsten.

GEHIRNWÄSCHE EINMAL POSITIV

Und wenn du dann soweit Bewusstheit erlangt hast, dass du über das Beobachten hinaus etwas unternehmen könntest und auch möchtest, um nicht nur die negativen Muster zu unterbrechen und abzustellen, sondern darüber hinaus vielleicht sogar in positiver Richtung entgegenzuwirken, dann hätte ich ein paar Gedanken anzubieten.

Ein Gedanke, den man hierzulande als durchaus verwegen bezeichnen könnte, ist es, dir statt der permanent negativen Gehirnwäsche zumindest immer wieder mal eine positive zu verpassen. Lenke deinen Fokus auf das, was gut ist, was dir gelungen ist, was du an dir magst und sage bzw. zeige das den anderen und vor allem dir selbst. „*Das habe ich wieder gut gemacht. Das ist mir gelungen.*" Interessanterweise höre ich oft, dass sich das seltsam bis ziemlich blöd anfühlt ... Mit der negativen Variante haben wir diesbezüglich eigenartigerweise kein Problem.

Und wenn du es nicht aushältst, dann lass es eben wieder bleiben. Aber nicht, ohne das als Signal dafür zu nehmen, dass es da noch etwas gibt, woran du arbeiten könntest, wenn du die Beschimpfungen zwar gut erträgst, aber schon beim kleinsten Lob den Kopf bzw. Schwanz einziehst. Du könntest dieses Gefühl aber auch ignorieren und es trotzdem tun.

Und ja, du könntest dich bemühen, mehr bzw. länger wahrzunehmen, bevor du zu interpretieren beginnst und deine Schlüsse daraus ziehst. Könnte gut sein, dass sich dadurch die Schlüsse ändern. Statt gleich darauf los zu interpretieren und dir wilde Szenarien auszudenken, von denen man manche vielleicht als oscarverdächtige Dramen verfilmen könnte, ist eine ratsame Vorgehensweise: Wahrnehmen, wahrnehmen, wahrnehmen, wahrnehmen, wahrnehmen > interpretieren.

Das ist leichter gesagt als getan. Zu rasch drängen sich Bewertungen, Be- und Verurteilungen in den Vordergrund, kaum dass wir einen Moment nicht aufpassen. Unser Gehirn nutzt selbst die kleinste Lücke. Gleich vorweg, du wirst es nicht schaffen, nicht zu interpretieren, zu bewerten und zu beurteilen – weder was dich, noch was andere angeht. Was du aber schaffen kannst, ist, ein paar wesentliche Schritte in die richtige Richtung zu gehen.

Glaube daher nicht, was du denkst. Zu wackelig ist das Gerüst, auf dem deine Gedanken beruhen – über dich, über andere und über die Zukunft. Gedanken sind bloß Gedanken. Mit der Wahrheit, der Wirklichkeit – was immer dieses sein möge – haben sie im Normalfall recht wenig zu tun.

REGEL #3

KÜMMERE DICH ZUERST UM DICH SELBST

Gestern bin ich geflogen. Von Athen zurück nach Wien. Inzwischen könnte ich gewisse Durchsagen des Kabinenpersonals wahrscheinlich so gut übernehmen, dass es keinem der Passagiere auffallen würde, gesetzt den Fall, ich müsste einspringen. Die Abläufe bis hin zu den Worten sind immer dieselben. Der Betrieb eines Flugzeuges ist von Routinen geprägt. Und das mag für mich als jemand, der diese bereits unzählige Male erlebt hat, langweilig sein, ist aber sehr gut so. Ich möchte das nicht missen. Wenn ich mir vorstelle, dass der Kapitän seine Checkliste einmal beiseitelässt, weil es allein heute schon sein dritter Flug ist und er das auch so hinbekommt ... Nein, danke!

Doch das nur am Rande. Das wird uns später noch beschäftigen. Ich möchte an dieser Stelle eigentlich über etwas anderes sprechen, das aber auch mit dem Fliegen zu tun hat. Wie es der Zufall so will, ist mir gestern aufgefallen, wie gut es als Beispiel für das Kapitel passt, das ich gerade zu schreiben begonnen habe.

DIE REIHENFOLGE IST ENTSCHEIDEND

„Sollte der Druck in der Kabine sinken, fallen automatisch Sauerstoffmasken aus der Kabinendecke. In diesem Fall ziehen Sie eine der Masken ganz zu sich heran und drücken die Öffnung fest auf Mund und Nase. Danach helfen Sie bitte mitreisenden Kindern.“ Da gibt es ein paar Varianten im Text, ab und an auch Flugbegleiter mit Talent zum Komiker, die den Text unterhaltsamer machen, und auch solche, die dieses Talent nicht haben und es nichtsdestotrotz tun. Aber die wesentliche Botschaft ist immer dieselbe. Sie ist von grundlegender Bedeutung, nicht nur für Notfälle in Flugzeugen, sondern auch für Notfälle im Leben. Und nicht nur für Notfälle, sondern für alle Fälle.

Welche das ist? Im obigen Text besteht sie aus einem Wort, einem, das alles sagt. DANACH. Ausformuliert und auf einfach gesagt heißt es: Sorge zuerst für dich selbst und kümmere dich DANACH um andere.

Doch halt. Ist das nicht egoistisch, sich selbst mit Priorität zu behandeln und sich erst dann um andere zu kümmern? Mag sein. Doch ist egoistisch grundsätzlich schlecht? Lass uns kurz über den Begriff und seine möglichen Bedeutungen nachdenken. Lass uns zu diesem Zweck beim Gegenteil beginnen – beim Altruismus.

Zu diesem ist in Wikipedia folgende Definition zu finden: „Uneigennützigkeit, Selbstlosigkeit, durch Rücksicht auf andere gekennzeichnete Denk- und Handlungsweise.". Eine wirklich in Stein gemeißelte Definition ist dort zwar nicht zu finden, doch aus Ausgangspunkt für weitere Überlegungen reicht sie an der Stelle.

WIE ALTRUISTISCH IST ALTRUISMUS WIRKLICH?

Doch wie altruistisch sind unsere Handlungen tatsächlich? Einmal angenommen, du schenkst jemandem etwas zu Weihnachten, einem kleinen Kind ein tolles Spielzeug vielleicht. Eine altruistische Verhaltensweise, um dem Kind Freude zu bereiten. Schließlich hättest du das Geld stattdessen ja auch für dich selbst ausgeben und dir einen schönen Abend im Kino oder Theater, eine gute Flasche Wein oder auch ein gutes (so hoffe ich) Buch wie dieses hier mit dem Geld, das du für das Spielzeug bezahlt hast, kaufen können. Das wäre egoistisch gewesen. Das Spielzeug zu schenken hingegen altruistisch.

Doch ist das tatsächlich so? Ist schwarz wirklich schwarz und weiß wirklich weiß? Ist Egoismus so böse, wie er dargestellt wird, und Altruismus wirklich der gute Zwilling? Was wird passieren am Weihnachtsabend, wenn du das Geschenk übergibst. Wenn du Glück hast und das Kind nicht mit Tonnen an Geschenken überhäuft wird und vollkommen überfordert ist, wird es das Paket voller Erwartung und großen Augen entgegennehmen.

Vom achtsamen Auspacken, um damit dem, der sich mit dem Verpacken Mühe gegeben hat, dafür Wertschätzung entgegenzubringen, halten Kinder typischerweise wenig bis gar nichts. Das Geschenkpapier ist mit zwei, drei reißenden Handbewegungen definitiv sehr viel schneller entfernt, als du es anbringen konntest. Auch der Überkarton hält der kindlichen Energie nur Momente stand und landet neben dem Papier achtlos auf einem Haufen. Kurz schmerzt dich das, wo du dir doch so viel Mühe gegeben hast, ein schönes Paket zu machen.

Doch dann, als es das Spielzeug in den Händen hält und sich ein Strahlen über sein kleines Gesicht ausbreitet, das dein Innerstes durchdringt, erwärmt und auch dich zum Strahlen bringt, ist alles gut. Dieser Moment ist es, der deine Belohnung ist. Nicht das Dankeschön für das Geschenk, das bei Kindern ohnehin nicht zu erwarten ist und meist nur dann kommt, wenn Sie mit einem „Na, wie sagt man?“ daran erinnert werden. Wenn du es dafür machen würdest, hättest du noch sehr viel mehr zu lernen im Leben, als ich dir unterstellen würde. Nein, für das Danke machst du es nicht, sondern für die Freude, das Strahlen. Doch wie altruistisch ist das? Und wie egoistisch? Freude zu bereiten lasse ich als altruistisch durchgehen. Die Frage ist allerdings: Würdest du es auch tun, wenn es dir gar keine Freude bereiten würde, das Kind in unserem Beispiel strahlen zu sehen. Wenn du es – aus welchen seltsamen Gründen auch immer – furchtbar finden, ja sogar hassen würdest? Ich behaupte: Nein, dann würdest du es nicht tun. Widersprich mir, wenn du magst, und belüge mich. Ich halte das aus. Aber belüge zumindest nicht dich selbst.

Ich möchte sogar so weit gehen, zu behaupten, dass die Grundlage für Altruismus Egoismus ist. Wenn wir anderen helfen, ihnen Freude bereiten, ihnen Dinge, Geld oder – noch viel wichtiger – Zeit schenken, wenn wir Komplimente verteilen, loben und all die anderen Dinge tun, die man als gut, nett und altruistisch bezeichnen würde, dann tun wir sie, weil wir selbst mehr davon profitieren, als es uns kostet. Und dieser Profit, den wir einstreichen, kann manchmal die Form von Geld annehmen. Doch meistens ist es etwas wesentlich Wertvolleres. Emotionaler Profit könnte man ihn nennen, der in Form von guten Gefühlen aller Art, die wir entweder direkt dabei empfinden, oder auf Umwegen zu uns findet. Selbst bei den ehrlichsten, aufrichtigsten „guten Taten“ ist das so, unterstelle ich. Denke das selbst anhand von ein paar Beispielen durch, auch extremen Beispielen, und ziehe deine eigenen Schlüsse. Doch sei – wie erwähnt – ehrlich zu dir selbst.

Das hieße aber entweder, dass wir alle von Grund auf schlecht, charakterlich verdorben und durch und durch egoistisch sind, weil wir ständig an uns und unsere guten Gefühle denken und wie wir mehr davon bekommen können. Oder aber: Egoismus ist gar nicht so schlecht und böse, wie er umgangssprachlich und unreflektiert immer dargestellt wird. Egoistisch, wie ich nun mal bin, wähle ich die zweite Sichtweise, da ich mich damit deutlich besser fühle.

Doch zurück zum Fliegen und den egoistischen Sicherheitsanweisungen. „*Kümmern Sie sich zuerst um sich selbst und dann um andere.*“ Das ist eine Maxime, die du durchaus für dein Leben übernehmen könntest, sogar solltest, wenn du mehr von dem erreichen willst, was dir wichtig ist. Im Flugzeug heißt es übrigens auch nicht – nur um das klarzustellen –:

„In diesem Fall ziehen Sie eine der Masken ganz zu sich heran, und drücken die Öffnung fest auf Mund und Nase und bemühen sich, möglichst viel von dem Sauerstoff, der vorhanden ist, für sich selbst zu bekommen. Nebenbei gesagt, wenn Ihr Nachbar es nicht schafft, die Maske richtig und rechtzeitig aufzusetzen, dann bleibt mehr Sauerstoff für Sie."

Es geht nicht um das OB, sondern um das WANN wir unsere Aufmerksamkeit anderen zuwenden, um diesen zu helfen. Die Reihenfolge ist entscheidend. Stell dir vor, die Regel im Flugzeug würde lauten *„Kümmern Sie sich ZUERST darum, dass die anderen Ihre Masken aufgesetzt bekommen und setzen Sie erst dann Ihre eigene auf."* Das könnte dazu führen, dass Sie es nicht mehr schaffen, sich die eigene Maske aufzusetzen, weil sie inzwischen das Bewusstsein verloren haben. Dein Kind wird wahrscheinlich nicht dazu in der Lage sein, dir deine Maske aufzusetzen und dich dann wiederzubeleben.

VOM GUTEN KERN DES EGOISMUS

Bei genauerer Betrachtung hat die Vorgehensweise „Kümmere dich zuerst um dich selbst" also durchaus sehr praktische und sinnvolle Aspekte, wenn wir sie erst einmal vom scheinbaren Ballast des Egoismus befreit haben.

Doch in diesem Buch geht es ja nicht ums Fliegen, sondern ums Leben ganz generell. Und da gibt es – genauer betrachtet – eher zu wenig denn zu viel Egoismus unter den bald acht Milliarden Menschen, die diesen Planeten bevölkern. Bei all dem Schlechten, dem Bösen, den Gräuel- und Schandtaten, den Kriegen, den Verbrechen, dem achtlosen Umgang mit der Umwelt und den Ressourcen spreche ich von zu wenig Egoismus! Wenn dir das zu weit geht und du knapp davor sein solltest, das Buch wegzulegen, ein für alle Mal, dann tu es nicht. Gib mir noch ein oder zwei Sätze.

Die Umwelt zum Beispiel. Wenn wir egoistischer wären, würden wir besser auf die Umwelt achten. Schlechte Luft, giftiges Wasser oder zu starke UV-Einstrahlung schadet uns. Massiv sogar. Warum handeln wir also nicht egoistischer in diesem Fall und schauen zuerst auf uns? Weil wir zu kurzfristig denken. Die potenziellen Gefahren – so denken wir – lauern, aber erst viel später, und bis dahin kann alles Mögliche passieren. Wer weiß.

Diese längerfristige Betrachtungsweise wird uns in einem späteren Kapitel noch beschäftigen. Außerdem sind wir in diesem Punkt zu optimistisch. Wie beim Rauchen etwa auch. Jeder vernünftige Raucher weiß und bezweifelt auch nicht, dass Rauchen schädlich ist. Selbst die unvernünftigen geben das zu. Warum wird trotzdem geraucht? Weil wir in solchen Fällen immer meinen, dass das nur die anderen beträfe und wir selbst eine Freifahrtkarte erhalten. Manchmal stimmt das auch. Selten, wie die Statistik zeigt.

Der Grund für zu viel Leid auf der Welt liegt also nicht in zu viel Egoismus, sondern in zu wenig Egoismus gepaart mit zu kurzfristigem Denken, zu viel Optimismus und einer gehörigen Portion Dummheit, die sich dort und da nicht wegdiskutieren lässt.

Wenn du also ein guter, aber auch glücklicher und vor allem erfolgreicher Mensch sein willst, was immer das im Detail für dich bedeutet, dann achte zuerst auf dich selbst. Ansonsten wirst du nicht mehr die Kraft, nicht die Energie und nicht das Geld haben, dich um andere zu kümmern. Wenn z. B. jemand Geld spenden und auf diese Art viel Gutes tun will, dann gibt es drei grundsätzliche Möglichkeiten. Die erste wäre es, laufend ein wenig zu spenden. Soviel, wie man sich leisten kann, ohne dass man es in der eigenen Brieftasche merkt. Das ist gut und lobenswert, bewegt aber auch nicht viel. Eine Möglichkeit, mehr zu tun und zu bewegen, wäre es, deutlich mehr zu spenden. Soviel, wie man nur kann. Dafür sogar seine eigenen Ausgaben und Bedürfnisse zurückzuschrauben. So kann man natürlich deutlich mehr für andere tun.

Richtig viel können allerdings jene spenden, die richtig viel haben. Logisch. Nur zu richtig viel kommt man schwer, wenn man von Beginn an die ganze Zeit über seine Ressourcen aufbraucht und sich verausgabt. So wird man es nur schwer schaffen, ein Vermögen aufzubauen, das es zulässt, andere im großen Stil zu unterstützen und Gutes zu tun. Es ist wie in der Geschichte mit der Gans und den goldenen Eiern. Wenn man die Gans schlachtet, gibt es keine goldenen Eier mehr.

Die Gans – rein metaphorisch betrachtet natürlich – bist du selbst. Wenn du nicht zuerst auf dich und deine Ressourcen achtest, wirst du es dir schwer machen und letztlich auch schwer haben, anderen zu helfen. Das gilt nicht nur für finanzielle Ressourcen wie beim Spenden. Auch auf deine Zeit ist dieses Grundprinzip 1:1 anwendbar.

Doch auch deine Kraft – die mentale wie die physische – ist eine wichtige Ressource. Die wichtigste sogar, wenn es darum geht, das im Leben zu erreichen, was du erreichen willst. Verwende sie für andere, um zu helfen, um Gutes zu tun, aber achte zuallererst darauf, dass du selbst immer genug davon hast. Mit einem schwachen Helfer, der sich kaum selbst auf den Beinen halten kann (mental oder auch physisch) ist niemandem gedient. Deshalb habe ich auch in der Coaching-Ausbildung als eines der ersten Dinge gelernt, wie wichtig „State-Management" ist – darauf zu achten, dass man selbst in der Verfassung ist, coachen zu können.

Und es gibt einen riesigen Unterschied zwischen jemandem, der effektiv helfen kann – einem „Coach oder Mentor" – und jemandem, der versucht, andere zu retten – einem „Retter". Der Retter macht andere klein, weil er ihnen insgeheim und unbewusst unterstellt, dass sie sich selbst nicht helfen können. Oft ist es auch eine Rettung, ohne überhaupt den Auftrag dafür zu haben. Das ist arrogant, überheblich und gleichzeitig ineffektiv. Der Beweggrund ist ein falscher.

Dahinter steht meist der egoistische Grund, sich selber besser fühlen zu wollen. Wenn man andere klein macht, wird man zwar selbst nicht größer, aber man wirkt größer. Oft hilft es auch, von den eigenen Problemen abzulenken, indem man sich verstärkt denen der anderen zuwendet. Die Schuldgefühle, die jemand haben mag, weil es ihm besser geht als anderen, gehen dadurch, dass man andere zu retten versucht, auch nicht dauerhaft weg, sondern werden nur kurzfristig überpinselt. Doch die Farbe geht sehr rasch wieder ab.

Wenn du daher jemanden retten willst, dann rette dich selbst zuerst. Erst dann kannst du anderen wirklich helfen.

ÜBERNIMM DIE WELTHERRSCHAFT

Die Weltherrschaft ist ein verbreitetes Ziel – zumindest bei allen Bösewichten in James-Bond-Filmen. Es geht immer um die Weltherrschaft. Auch hier, auch für dich. Übernimm die Weltherrschaft, wenn du magst. Ich gehe davon aus, dass du eine weise und gütige Herrscherin bzw. ein gütiger Herrscher wärst, der die Welt besser hinterlassen würde, als er sie vorgefunden hat. Doch aus eigener Erfahrung muss ich dir sagen, dass der Weg zur Weltherrschaft durchaus ein längerer sein kann. Eine Lebensaufgabe, wenn man so will. Und der erste Schritt, nein, das erste Ziel auf dem Weg zur Weltherrschaft ist die Herrschaft über dich selbst. Die meisten, die diesen Weg beschreiten, schaffen es nicht, dieses erste Ziel zu erreichen. Und das ist gut so, denn damit haben sie die Weltherrschaft auch nicht verdient. Die meisten, die diesen Weg beschreiten, möchte ich auch auf dem Thron, der die Welt beherrscht, sitzen sehen.

Doch auch, wenn es dir nicht gelingen sollte, die Welt zu beherrschen, ist es ein anstrebenswertes Ziel. Allein, wenn du es schaffst, die Herrschaft über dich selbst, deine kleine Welt, zu erreichen, ist das schon sehr viel mehr, als die meisten schaffen. Das ist eine hervorragende Ausgangsposition für all das, was du sonst noch erreichen willst.

» Konzentriere dich auf deinen Einflussbereich. «

Um überhaupt eine Chance zu haben, dieses erste Ziel – die Herrschaft über dich selbst – zu erreichen, brauchst du alle Energie, die dir zur Verfügung steht. Fokussiere dich auf dich selbst und deinen Einflussbereich. Es wird viel geklagt und gejammert über all das, was nicht so ist, wie es sein soll. Und ja, da gibt es in der Tat viel davon. Sehr viel sogar. Doch das meiste davon ist in einem Bereich, der jenseits von unserem Einflussbereich ist. Es sind Dinge, die wir nicht ändern können – das schlechte Wetter zum Beispiel. Wir haben absolut Null Möglichkeiten – zumindest nach meinem wissenschaftlichen Verständnis – etwas daran zu ändern, dass es heute regnet oder auch, dass die Sonne scheint, wenn wir uns Regen gewünscht hätten.

Und dann gibt es da jene Dinge, die auch weit außerhalb unseres aktuellen Einflussbereiches sind, die zu ändern viel Zeit und Energie kosten und oft eine vollkommene Neuausrichtung des eigenen Lebensweges bedeuten würden. Die Politik, über die wir so gerne klagen, etwa. Daran ließe sich – abseits davon, sein Wahlrecht auszuüben – schon etwas ändern. Man könnte selbst kandidieren, gewählt werden und die Geschicke der Gemeinde oder des Landes in eine bessere Richtung lenken. Das kann auch eine lohnenswerte Aufgabe sein und nimmt deine Zeit in Anspruch. Viel Zeit. Doch meistens ist der Preis, der dafür zu bezahlen wäre, zu hoch. Sich darüber nur zu beklagen, ist deutlich billiger.

Wenn du daher solche Dinge im Sinn hast, wünsche ich dir viel Erfolg dabei und Kraft dafür – du wirst sie brauchen. Doch eines noch, bevor du losrennst und deinen Einfluss- und Verantwortungsbereich so dramatisch erweiterst: Prüfe doch noch einmal, ob du die Möglichkeiten, die in deinem aktuellen, unmittelbaren Einflussbereich sind, auch bereits alle ausgeschöpft und genutzt hast. Wenn nicht, wäre die Gefahr zu groß, dass du einer von den Politikern wirst, die nach der Weltherrschaft greifen, ohne die Herrschaft über sich selbst je auch nur annähern erlangt zu haben. Davon gibt es jetzt bereits zu viele.

Übernimm auch die Verantwortung, die mit der Kontrolle über dich selbst einhergeht. Diese wird gerne abgegeben an die Umstände, das Glück und all die anderen, denen man diese umhängen könnte. Die Rosinen aus dem Kuchen zu picken, ist keine ratsame Strategie. Sie schmecken, machen dich letztlich aber nicht satt.

Kümmere dich daher zuerst um dich selbst – wirklich, wahrhaft, ernsthaft – und erst dann um alle und alles andere ... im Flugzeug und in deinem Leben.

REGEL #4

SAGE NEIN, WENN DU NEIN SAGEN WILLST

Niemals wirst du deine Ziele im Leben erreichen, wenn du eines nicht frühzeitig lernst: NEIN zu sagen. So einfach dieses kurze Wort aussieht, so schwierig ist es oft, es auszusprechen. Zwar formt es sich in unseren Gedanken, bereit auf dem Weg über die Stimmbänder, die Zunge und die Lippen ins Freie zu gelangen und dem Gegenüber entgegenzufliegen. Doch stößt es auf Hindernisse am Weg, wird verstümmelt, verkrüppelt, verändert und oft vollkommen umgeformt. Was beim Mund herauskommt, hat dann mit dem ursprünglichen Wort nur wenig zu tun. Gar nichts, um genau zu sein. Auf die Hälfte verkürzt ist es. Kein einziger Buchstabe ist an seinem Ort, ja, nicht einmal derselbe geblieben. JA.

Gerade im Zusammenhang mit dem im soeben abgeschlossenen Kapitel Besprochenen zum Thema „Kümmere dich zuerst um dich selbst!" ist ein Nein zur richtigen Zeit am rechten Platz eine absolute Notwendigkeit. Du hast absolut keine Chance, dich um dich selbst zu kümmern, wenn du das nicht – zumindest immer wieder und immer öfter – hinbekommst: Nein zu sagen.

Wenn du das nicht kannst, zumindest in den wichtigen, vielleicht entscheidenden Situationen, wirst du als logische Konsequenz niemals deinen Weg gehen. Es werden immer die Wege der anderen sein, die du beschreitest, und die Ziele der anderen, die du verfolgst. Wenn du wirklich dein eigenes Ding durchziehen und deine eigenen Ziele erreichen willst, führt an dieser Hürde – dem Neinsagen – kein Weg vorbei. Sich darum herumzuschummeln, es zu umgehen, wird in diesem Fall nicht funktionieren. Die einzige Möglichkeit, die du daher hast, ist jene, dich dieser Herausforderung zu stellen.

VON DEN EINFACHEN UND DEN WICHTIGEN NEINS

Doch wie kommt es, dass etwas scheinbar so Einfaches doch so schwierig sein kann?

Es gibt mehrere Situationen, die ein Nein als mögliche Antwort zulassen. Da gibt es diejenigen, in denen uns ein Nein ganz einfach und mühelos über die Lippen kommt. „Wissen Sie, wann genau Cäsar geboren wurde?" Ein Nein als Antwort würde – mir zumindest – keine Probleme oder Schmerzen bereiten. Die Ansprüche an meine Geschichtskenntnisse sind – in Zeiten von Wikipedia – nicht so enorm hoch. Doch ein solches Nein ist auch belanglos, bedeutungslos, unwichtig.

Eine Grundregel, die im Leben immer und immer wieder anzutreffen ist, findet sich auch beim Neinsagen:

» Nur die Neins, die dir schwerfallen, sind diejenigen, die dich wirklich weiterbringen. «

Welche das sind? Es sind die Neins – meistens als mögliche Antwort auf Bitten, Forderungen oder gar Befehle – auf die wir auch Ja sagen könnten, theoretisch zumindest. Das kann eine Kleinigkeit sein. „*Kannst du mir im Supermarkt noch etwas mitnehmen, wenn du nach Hause fährst?*" oder „*Würden Sie 5 € für XYZ spenden?*"

Es kann sich aber auch um eine größere Bitte, Frage oder ein Angebot handeln, bei welchem die Ablehnung, aber auch die Zustimmung deutlichere Konsequenzen nach sich ziehen würde. Das verlockende Angebot einer Zufallsbekanntschaft, für kurze Zeit zu vergessen, dass man bereits eine Partnerin bzw. einen Partner hat. Die Möglichkeit, einen Job mit höherem Gehalt, aber auch deutlich mehr Verantwortung zu übernehmen, der die Zeit für die Familie über ein erträgliches Maß hinaus reduzieren würde. Das Dessert, das einem von der Speisekarte verführerisch entgegenlacht und stumm, aber deshalb nicht weniger deutlich vernehmbar, „*Nimm mich*" sagt. Gelegenheiten, Nein zu sagen, wenn das Ja definitiv auch attraktive Seiten und Aspekte hätte, gibt es viele. Tagtäglich laufen sie uns über den Weg.

Und oftmals sagen wir Ja und bereuen es, weil wir eigentlich Nein sagen wollten. Weil das Nein die klügere, die ehrlichere Antwort gewesen wäre. Sie wäre zwar schwerer auszusprechen gewesen, hätte aber letztlich und langfristig deutlich weniger Probleme verursacht. Warum also das Ja.

Der wahrscheinlich häufigste Grund: Wir wollen nett sein. Gute Menschen. Und gute Menschen sagen nicht Nein, wenn sie von jemandem, der Hilfe oder Unterstützung braucht, um etwas gebeten werden. Wir sammeln Pluspunkte am Konto der anderen, wenn wir immer hilfreich und unterstützend sind und zu allem Ja sagen. Denken wir zumindest. Und das bringt uns ein gutes Gefühl. Wie im vorigen Kapitel beschrieben: eine egoistische, aber sehr kurzfristige Denkweise. Oft schlägt das gute Gefühl, nett gewesen zu sein, schon Sekunden später in ein schlechtes um. Es dämmert uns, welchen Rattenschwanz an Problemen dieses Ja nach sich ziehen wird. Und wir wussten es vorher, bereits vor dem Ja.

DER MANGELNDE BLICK IN DIE ZUKUNFT

Manchmal ist der Gewinn aus dem Ja, einfach nur jener, der der Befriedigung eines unmittelbaren, sinnlichen Bedürfnisses entspringt, das sehr laut danach schreit, befriedigt zu werden. Das Dessert oder das unmoralische Angebot könnten in diese Kategorie fallen, wobei interessanterweise das Dessert für viele eine sehr viel lautere Stimme hat. Wir wissen, es ist nicht klug, was wir da tun, aber es fühlt sich gerade im Moment so gut an – am Gaumen oder auch sonst wo. Und die möglichen Probleme? Die kommen, wenn überhaupt, sehr viel später.

Homer Simpson hat das sehr treffend und weise – was er öfter ist, als es scheint – zum Ausdruck gebracht. Auf die Frage, ob es denn klug sei, eine Menge Donuts in sich hineinzustopfen, erklärt er: „*Das Problem, das aus dem übermäßigen Zuckerkonsum entsteht, ist eines des Homers der Zukunft, aber nicht seines.*" Und ja, gibt er unumwunden zu, in der Haut des Homers der Zukunft möchte er nicht stecken. Die Simpsons haben sich lange Jahre hoher Beliebtheit erfreut. Wenn wundert es da, dass so manche Philosophien daraus von den Zusehern übernommen wurden.

Ein Grund für so manches Ja, das eigentlich hätte ein Nein werden sollen, ist einer, der gleichzeitig eine mögliche Lösung oder zumindest Linderung in sich birgt. Wir sind nicht vorbereitet. Viele Fragen, Bitten oder Angebote treffen uns unerwartet. Aus dem Hinterhalt sozusagen. Sie kommen nicht von vorne, bereits aus der Ferne sichtbar, auf uns zu, sodass wir uns entsprechend darauf vorbereiten könnten. Dann würden die Resultate tendenziell anders aussehen. Dann hätten wir Zeit, den rationalen Teil unseres Gehirns zu konsultieren und gemeinsam mit ihm eine gute Lösung und die richtige Antwort auszuarbeiten.

Doch von hinten überrascht antwortet dann meist der unbewusste, impulsive und direkter durch Triebe und Bedürfnisse gesteuerte Teil unseres Verstandes. Und jene Antwort ist eben nicht immer diejenige, die wir auch nach reiflicher Überlegung gegeben hätten.

Ein praktisches Beispiel: Ich esse gerne Süßes. Sehr gerne sogar. Meine Tätigkeit als Vortragender bringt es mit sich, dass ich viel an Hotel- oder Veranstaltungsbuffets speise. Das hat gewisse Vorteile, aber es lauern auch Gefahren in Form des Dessertbuffets. Zuhause nehme ich zum Espresso ein kleines Stückchen hochprozentiger Schokolade zu mir.

Das ist geplant. Ein Ritual, könnte man sagen. Und rein für den Geschmack reicht das kleine Stück auch vollkommen aus. In weiser Voraussicht gibt es auch kaum andere Süßigkeiten in unserem Haushalt. Was nicht da ist, kann auch nicht gegessen werden.

Anders am Veranstaltungsbüffet. Man könnte meinen, dort gäbe es die Qual der Wahl. Weit gefehlt. Warum wählen, warum sich durch ein exklusives Oder die Entscheidung zwischen dem Himbeertörtchen, dem Schokoladenpudding und der Zitronencreme unnötig schwer machen? Warum nicht lieber auf das verbindende Und statt das ausschließende Oder zurückgreifen? Und für Süßes, so stelle ich immer wieder fest, habe ich einen separaten Magen, in den selbst dann etwas hineinpasst, wenn der andere gefüllt ist. Eine anatomische Anomalie? Vielleicht. Aber ... wenn, dann eine sehr praktische.

Wenn ich mich nun auf so eine Reise ordentlich vorbereite, dann fällt mir auch ein, dass es ein Buffet geben wird und dass der Veranstaltungsort bzw. die Art der Veranstaltung darauf schließen lässt, dass sicher nicht am falschen Platz – dem Dessertbuffet – gespart wird. Und dann könnte ich kurz darüber nachdenken, ob ich mich des Unds oder des Oders bedienen will ... oder aber, wenn ich mich stark genug fühle und in meiner Mitte ruhe, vielleicht sogar ein Nein plane. Ich weiß, eine der letzten echten Herausforderungen, aber man wächst ja bekanntlich mit seinen Aufgaben.

Wie auch immer die Entscheidung in der Phase ausfällt, es ist eine geplante. Und wenn es einen Plan gibt, einen Vorsatz, ein Ziel, dann bedeutet das zwar nicht, dass dieser Plan auch immer umgesetzt, das Ziel immer erreicht wird, aber die Wahrscheinlichkeit steigt. In meinem konkreten Fall bedeutet das, dass es mir sehr viel leichter gelingt, den Verlockungen des Dessertbuffets zu widerstehen und ihnen eine klare, harte Absage zu erteilen, wenn ich mich in dieser Form darauf vorbereite. Jetzt will ich aber nicht als Asket gesehen werden und schon gar nicht, wenn es um Süßigkeiten geht. Nichts wäre weiter von der Wahrheit entfernt. Manchmal gebe ich mich diesbezüglich Exzessen hin, die ich hier gar nicht zu beschreiben wage, und das mit einem guten Gefühl – nicht nur währenddessen (das wäre ja einfach), sondern auch danach. Aber – und das ist entscheidend – es sind geplante Exzesse. Solche, zu denen ich mich im Vollbesitz meiner geistigen Kräfte entschlossen habe.

Nun geht es ja im Leben – vermutlich auch in deinem – nicht (oder zumindest nicht nur) darum, Süßigkeiten widerstehen zu können. Auch wenn ein Übermaß davon massive mittelfristige Folgen hat, ist die Entscheidung selbst, direkt am Buffet, doch eine sehr kleine. Und doch zeigt sie viel mehr, als man vermuten würde.

» How you do anything, you do everything. «

Harv Eker, ein amerikanischer Autor, schreibt in einem seiner Bücher: „*How you do anything, you do everything.*" Die deutsche Version „So wie du irgendetwas machst, machst du alles," lässt leider an Eleganz im Vergleich zur englischen sehr zu wünschen übrig. Dennoch hoffe ich, dass die Botschaft verstanden wird. Wenn es mir regelmäßig schwerfällt, am Dessertbuffet Nein zu sagen, dann könnte das sehr gut ein Muster sein, das sich auch durch alle anderen Lebens- und somit Entscheidungsbereiche zieht.

Die Gründe, Glaubenssätze und Werte, die dahinterstehen, sind dieselben – ob am Buffet oder bei der Beförderung, die der Verlockungen eines heimlichen Seitensprungs oder bei einer weiteren Stunde Online-Gaming. How you do anything, you do everything. Das heißt aber auch, wenn du es bei „anything" schaffst, Nein zu sagen, fällt es dir auch bei „everything" leichter. „Anything" ist der Trainingsraum, die Übungssession für „everything". Dazu gibt es auch wissenschaftlich Untermauertes, wie wir später noch besprechen werden.

WIE DAS NEIN LEICHTER FÄLLT

Doch nicht nur das wohlüberlegte und geplant Nein fällt leichter. Mit ausreichend Übung wirst du dich dadurch auch den Attacken aus dem Hinterhalt gegenüber, den ungeplanten, nicht vorhersehbaren besser zur Wehr setzen können.

Interessant ist auch, dass eine Begründung für das Nein hilfreich ist – nicht nur für den, der es von dir zu hören bekommt, sondern auch für dich. „Könntest du mir vielleicht am Samstag helfen, meine Möbel aus der Wohnung zu schaffen und zu verladen?" – „Nein!" Wie klingt das? Schon sehr hart, oder? Für beide. So ein Nein hätte ich Mühe, über die Lippen zu bringen und dabei meinem Gegenüber immer noch in die Augen zu schauen. „Stimmt, du ziehst ja um. Die Möbel vom 1. Stock durch das Treppenhaus hinunterzuschaffen, ist echt eine Aufgabe. Ich würde dir gerne helfen, bin aber am Samstag den ganzen Tag unterwegs." So oder so ähnlich in Worte verpackt, wird so ein Nein schon wesentlich leichter verdaulich. Für beide. Ja zugegeben, ein wenig weitschweifig formuliert und möglicherweise auch nicht ganz ehrlich (weil ich am Samstag zwar unterwegs bin, aber eigentlich nur zum reinen Vergnügen shoppen gehe), aber ganz sicher leichter verdaulich als ein einsames, vollkommen auf sich allein gestelltes, nacktes „Nein!".

Dabei sind die Stichhaltigkeit und Wahrheit der Begründung aber rein kommunikationstechnisch gar nicht so sehr von Belang (was nicht als Aufforderung zum Lügen gemeint bist). Es reicht eine allgemein als potenziell wahr und plausibel akzeptierbare Begründung für das Nein. Wenn du natürlich dank eines kreativen Einfalles oder auch dank der bisweilen seltsamen Wendungen des Lebens eine Begründung bringst, die so unglaublich ist, dass sie nur wahr sein kann, tu dir keinen Zwang an und verwende diese.

Wie psychologische Studien übrigens immer wieder zeigen, werden umgekehrt auch Bitten, Wünsche und Forderungen sehr viel eher erfüllt, wenn diese mit einer Begründung versehen sind. Wenn du also etwas haben willst (siehe Kapitel #1 – Sag dem Leben, was du haben willst), empfiehlt es sich daher, auch das mit einer Begründung zu versehen.

Natürlich könntest du noch einen Schritt weitergehen, eines drauflegen und quasi zum Gegenangriff übergehen, wenn du mit einer Bitte oder Frage konfrontiert bist, die deinerseits ein Nein verdient hat. Statt eines „Nein, weil ...", wie soeben besprochen, könntest du der Forderung deines Gegenübers vollkommen den Wind aus den Segeln nehmen, indem du stattdessen ein „Ja, wenn ..." retournierst und dein Ja mit einer Gegenforderung verknüpfst. Natürlich ist das etwas, was vielleicht nicht immer passend ist. Bei sanften Bitten ein „Ja, wenn ..." zu entgegnen, würde in vielen Fällen zu Recht als überzogene und unangebrachte Reaktion verstanden werden.

Doch gerade bei echten, vielleicht sogar harten Forderungen kann ein „Ja, wenn ..." eine sehr probate Antwort sein. Ein netter und nicht zu unterschätzender Nebeneffekt ist, dass dir das „Ja, wenn ..." möglicherweise leichter über die Lippen kommt und du dich potenziell besser fühlst, weil du ja nicht Nein gesagt hast.

NEINS MACHEN SICH BEZAHLT

Und was, wenn es vollbracht ist. Wenn dir das Nein vielleicht nicht immer, aber immer wieder locker-flockig über die Lippen kommt? Eine Begründung für die allzu häufigen Jas war ja die dahinterliegende Befürchtung, dass ein Nein dich als unfreundlich, nicht entgegenkommend und einfach als keine nette Person erscheinen lässt. Das könnte tatsächlich passieren, aber nur dann, wenn du das Nein falsch aussprichst und ganz nackt in den Raum stellst.

Mit etwas Fingerspitzengefühl wird das nicht passieren, vor allem nicht, nachdem du dieses Kapitel gelesen hast. Vielmehr werden aber zwei andere Effekte auftreten, die die Gefahr, als „nicht nett" oder „nicht hilfsbereit" zu erscheinen, mehr als wettmachen.

Jedes Nein, das du an Stellen aussprichst, wo dein Impuls viel lieber laut JA! sagen würde, jedes Nein, das dir schwerfällt, ist eine Botschaft an dein Gegenüber. Soweit der oberflächliche Aspekt. Doch ist es auch – und das ist sehr viel wichtiger – eine Botschaft an dich selbst. „Ich bin jemand, der Nein sagen kann und das auch tut, wenn ihm danach ist! Ich bin nicht darauf angewiesen, allen anderen zu gefallen. Wenn das Nein meinem Gegenüber nicht gefällt, dann ist das sein Problem und nicht meines." So oder so ähnlich lautet die Botschaft an dich selbst. Und es tut gut, sie zu hören. Sehr gut sogar. Es gibt wenig, was dein Bild von dir selbst sosehr verbessert und deinen Rücken sosehr stärkt, wie ein Nein zum rechten Zeitpunkt.

Dein Selbstbild wandelt sich im Laufe der Zeit dadurch. Zum Besseren natürlich. Dein Selbstwert wächst und damit dein Selbstbewusstsein und dein Selbstvertrauen. Und wenn es etwas gibt, von dem du nehmen solltest, was du kriegen kannst, wenn du im Leben das erreichen willst, was in dir steckt, dann sind es genau diese Dinge. Selbstwert, Selbstbewusstsein, Selbstvertrauen. Dafür kannst du getrost mehrmals ans Buffet gehen, um dir einen Nachschlag davon zu holen.

Vielleicht wirst du durch die Steigerung deiner Nein-Quote nicht beliebter oder mehr geliebt, aber, wie erwähnt, auch nicht unbedingt weniger. Und ganz nebenbei könntest du dich ohnehin fragen: „Wie viel ist denn Liebe wert, die nur davon abhängt, ob ich den anderen ihre Wünsche und

Bitten erfülle? Sollte Liebe, die wahre Liebe, nicht bedingungslos sein?". Doch das, wie gesagt, ganz nebenbei.

Wovon du aber definitiv mehr erhältst, wenn du öfter mal Nein sagst, ist mehr Respekt. Auf Respekt hast du kein natürliches Anrecht, so wie auf Liebe. Respekt musst du dir verdienen und das schaffst du – unter anderem – dadurch, dass du Nein sagst, wenn du Nein meinst. Dich ständig zu verbiegen, nur um allen zu gefallen, bringt dir keinen Respekt, ganz im Gegenteil ... und Liebe, die wahre, wie gesagt, sowieso nicht.

Und all das führt dazu, dass es dir leichter fällt, auf deinem Weg zu bleiben und deine Ziele zu verfolgen, statt – wie viele andere, vielleicht sogar die meisten – immer nur die anderer Menschen oder Organisationen. Lerne, Nein zu sagen, und deine Welt wird sich verändern.

REGEL #5

✻

SEI GEIZIG MIT DEINER ZEIT

In der Recherche für das Buch „Die große Macht der Kleinigkeiten" habe ich mich ausführlich damit beschäftigt, wie wir unsere Zeit verwenden – verschwenden, bin ich in vielen Fällen versucht zu sagen. Ich war erstaunt, doch das ist nicht der passende Ausdruck dafür. Das wäre, wie wenn man den Mount Everest als Hügel bezeichnen würde. Vielmehr war ich perplex, geflasht oder auch vollkommen von den Socken ... und das, ohne auch nur ein kleines bisschen zu übertreiben. Das würde es eher treffen.

Ein paar wenige Beispiele (eine lange, ausführliche Liste findest du im Ressourcenbereich zu diesem Buch – https://www.romankmenta.com/sag-dem-leben-buch-ressourcen/), nur um klar zu machen, was ich meine, und dich zumindest auch in Erstaunen zu versetzen. Auf Arbeitstage á acht Stunden umgerechnet verbringen wir in etwa 192 pro Jahr davon mit Fernsehen – das ist beinahe so viel, wie wir arbeiten! Raucher, die 12 Zigaretten pro Tag rauchen, lösen 365 Stunden pro Jahr in Rauch auf – das sind immerhin mehr als zwei volle Wochen (á sieben Tagen mit 24 Stunden). In sozialen Medien werden ca. 60 Arbeitstage pro Jahr verbracht. Natürlich sind alle diese Tätigkeiten je nach Person großen Schwankungen unterworfen. Da gibt es Leserinnen und Leser, die weder rauchen, noch fernsehen und sich auch nicht in sozialen Medien aufhalten. Andere wiederum rauchen sehr viel mehr oder verwenden etliche Stunden jeden Tag allein auf Facebook.

Angesichts solcher Zahlen und Beispiele – wenn wir uns an unserem Verhalten, statt an unseren Worten messen – stellt sich berechtigterweise die Frage: Wie wichtig ist uns unsere Zeit?

Von allen Ressourcen, die wir haben, um den Gang unseres Lebens zu beeinflussen, nimmt die Zeit eine ganz besondere, einzigartige Stellung ein. Anders als Geld, Know-how, Beziehungen zu anderen, selbst anders als der Körper und die Gesundheit, ist die Zeit auf alle Menschen absolut gleich verteilt. Jeder, wirklich jeder, hat 24 Stunden davon pro Tag, jeden Tag aufs Neue. Da gibt es keine Kontoüberziehung, keinen Vorgriff auf die Zeit von morgen oder übermorgen, aber auch kein Sparen und Aufheben von ein paar Stunden für später. Die Zeit läuft ab. Unveränderlich. Unerbittlich. Daher sollte man meinen, wir würden unsere Zeit mit der Wichtigkeit behandeln, die sie hat. Angesichts der Beispielzahlen oben behaupte ich: Wir tun das sehr oft nicht.

Vielmehr behandeln wir unsere Zeit so, wie wir bisweilen unser Geld behandeln. Klug wäre es, das Geld, das wir besitzen, überlegt zu investieren. Dort, wo es die meiste Rendite bringt und für uns arbeitet, für uns weiteres Geld verdient. Natürlich kann und muss das Geld nicht nur investiert, sondern auch ausgegeben werden: für unsere Gesundheit, für Dinge, die wir zum Leben brauchen, die unser oder das Leben anderer schöner, komfortabler und angenehmer machen. Wir können es auch anderen schenken, um jenen Freude oder ein leichteres Leben zu bereiten.

Doch darüber hinaus geben wir Geld auch aus, um Shoppen zu gehen und nach Lust und Laune Dinge zu kaufen, die wir nicht nur nicht brauchen und auch nicht verwenden, sondern die uns auch noch belasten, indem sie unseren Wohnraum füllen und zumüllen.

Diese Muster, die wir beim Umgang mit Geld haben, zeigen sich genauso im Umgang mit der Zeit. Auch unsere Zeit geben wir bisweilen fürs „Zeit-Shopping" aus, für Dinge, Erlebnisse und Menschen, die uns nicht nur nicht nützen, sondern oft sogar schaden. Wir tun das oft unbewusst und nicht in voller Absicht. Das wäre unintelligent, dumm sogar. Und wir sind nicht unintelligent, sondern einfach nur „bewusstlos". Es fehlt uns an Bewusstheit im Umgang mit unserer Zeit.

Dabei bedenken wir eines nicht: Geld hat andere Eigenschaften als Zeit. Das Geld, das sinnlos ausgegeben und verschwendet wird, kann wieder verdient, zurückgewonnen werden. Die Zeit ist weg, ein für alle Mal. Und das ist ein ganz entscheidender, gewaltiger Unterschied.

Um mehr von dem zu erreichen, was du im Leben erreichen willst, musst du lernen, bewusst mit deiner Zeit umzugehen, sie dort einzusetzen, wo sie dir – in der einen oder anderen Form – die größte „Rendite" bringt. Das ist – so denke ich – der entscheidende Unterschied zwischen den sehr Erfolgreichen (nach welchen Maßstäben auch immer bemessen) und den wenig Erfolgreichen. Die Erfolgreichsten investieren ihre Zeit deutlich besser als die anderen.

Um deine Zeit zielführend und produktiv einzusetzen, brauchst du ein hohes Maß an Bewusstheit im Umgang mit ihr. Du musst sie wertschätzen – auch die der anderen. Und vor allem musst du sparsam sein mit deiner Zeit. Geizig sogar.

Doch das – da bin ich ganz sicher – ergibt sich ganz automatisch, hast du erst die Bewusstheit darüber erlangt, wie du deine Zeit verwendest.

Stell dir vor, du hättest ein Glas mit Murmeln, die du nach Lust und Laune gegen sprichwörtlich alles im Leben eintauschen kannst. Tolle Sache. Doch gibt es einen Haken. Wenn das Glas leer ist, kannst du nicht mehr tauschen. Doch das allein wäre nicht so schlimm. Du hast ja bereits vieles, das du eingetauscht hast. Was schlimmer ist: Wenn das Glas leer ist, stirbst du. Exakt in dem Moment, in dem du deine letzte Murmel eingetauscht hast. Wie geizig wärst du beim Tauschen der Murmeln? Wie genau würdest du dir überlegen, wofür du sie eintauscht und wem du eine davon schenkst?

Und genau das machst du die ganze Zeit über: deine Zeitmurmeln tauschen. Und doch merke ich, während ich das hier schreibe, dass es sicher einfacher ist, beim Tauschen von Murmeln geizig zu sein und gut zu überlegen, wofür man diese hergibt, als beim Tausch unserer Zeit.

Das Verhalten der – nach allgemeinen Maßstäben – sehr Erfolgreichen kann uns in diesem Punkt als Indiz dienen, dass es sehr viel Sinn macht, geizig mit deiner Zeit zu sein. Man könnte sagen, es gilt die Regel: Je erfolgreicher jemand ist, desto geiziger ist er mit seiner Zeit. Muss er sein, sonst wäre er oder sie nicht so erfolgreich. Versuche einmal beim Präsidenten deines Landes einen Termin zu bekommen oder auch beim Geschäftsführer einer großen Firma oder einem Hollywood-Star. Es wird dir schwer bis nicht gelingen. Von einem Volksvertreter deiner Gemeinde oder einem Mitglied der lokalen Laienspieltruppe ein wenig Zeit zu erhalten, sollte im Normalfall kein Problem darstellen. Sehr erfolgreiche Menschen sind extrem geizig mit ihrer Zeit. Das sollte uns zu denken geben.

WIE VIEL IST DEINE ZEIT WERT?

Was dir auch helfen könnte, mehr Bewusstheit zum Umgang mit deiner Zeit zu erlangen, ist es, dir zu überlegen, wie viel deine Zeit wert ist. Und ich meine jetzt keine pauschale Aussage darüber, dass sie sehr viel wert sei oder gar unschätzbaren Wert habe, sondern ich spreche von ganz genauen Berechnungen, von Zahlen, von Euro und Cent.

Doch ist es überhaupt legitim, moralisch vertretbar, Zeit in Geld zu bewerten? *„Es muss ja schließlich nicht alles ein Preisschild angeheftet haben"*, könntest du – zurecht – denken. Die Frage musst du dir letztlich selbst beantworten. Mir geht es dabei nicht um die Moral, sondern darum, dass es hilfreich ist, das zu tun, weil es dir die Augen öffnen könnte, ein Stück weiter vielleicht noch als die letzten Absätze.

Lass uns einmal eine ganz banale Alltagssituation annehmen. Dein Tank ist leer. Du musst tanken. Du könntest dafür natürlich zur nächstbesten Tankstelle fahren, doch die ist etwas teuer. Da gibt es eine andere, ein Stück weiter entfernt, die immer billiger ist als alle anderen in der Gegend. Warum sollst du also Geld verschenken? Immerhin sparst du dir 7 Cent pro Liter. Das klingt nicht so viel und doch summiert sich das bei einem vollen Tank auf knapp 5 Euro. Immerhin. Als du bei der anderen Tankstelle ankommst – nach etwa sieben Minuten Fahrtzeit – siehst du, dass du nicht der Einzige bist, der gerne ein paar Euro beim Tanken spart.

Daher wartest du ein paar Minuten, bis du an die Reihe kommst, betankst dein Auto, bezahlst (auch an der Kasse sind noch drei Kunden vor dir) und fährst wieder nach Hause. Mission accomplished und sogar noch Geld gespart. Eigentlich könntest du ganz zufrieden sein damit, solltest du aber nicht.

Alles in allem warst du eine halbe Stunde unterwegs und hast dabei 5 Euro gespart. Zehn Minuten hättest du auch beim Tanken bei der näheren Tankstelle gebraucht. Das bedeutet, du hast zusätzlich 20 Minuten deiner Zeit im Tausch gegen 5 Euro investiert. Umgerechnet auf eine Stunde ergibt das einen Stundensatz von 15 Euro. Durch die Entscheidung, bei der billigeren Tankstelle zu tanken, hast du deine Zeit mit 15 Euro pro Stunde bewertet.

Ist es das, was dir deine Zeit wert ist? 15 Euro pro Stunde? Wenn du mit deinem Job nur 10 Euro pro Stunde verdienst, dann wäre das in Ordnung und es wäre sinnvoll, so zu handeln. Doch viele, die ich kenne, würden es ablehnen, für 15 Euro pro Stunde zu arbeiten. Es geht an der Stelle auch nicht so sehr darum, ob 15 Euro viel oder wenig sind. Vielmehr zeigt das Beispiel, dass wir unsere Zeit ständig in Euro bewerten. Überall dort, wo wir extra Zeit investieren, um Geld zu sparen oder zu verdienen, tun wir das.

Du bezahlst dich – so gesehen – selbst mit 15 Euro pro Stunde. Und das machst du immer wieder, wenn du solche Entscheidungen triffst. Manchmal sind es 15 Euro, doch manchmal auch nur 5 Euro. Rechne nach, ab und an, und du wirst erstaunt sein – in den weniger dramatischen Fällen. Viel öfter allerdings wirst du erschrocken und sogar erschüttert darüber sein, wie wenig du dir selbst bezahlst.

Wenn du angestellt bist, tauscht du deine Arbeitszeit gegen dein Gehalt. Wenn du selbstständig bist, dann verrechnest du vielleicht Honorare für Stunden oder Tage deiner Zeit. Ein großer Teil deiner Zeit wird permanent in Geld umgerechnet. So gesehen ist die Frage: Wie viel ist deine Zeit wert? durchaus legitim.

Als Angestellte oder Angestellter könntest du aber nicht nur dein Gehalt als Messlatte heranziehen, sondern etwa auch berechnen, wie viel deine Zeit für deinen Arbeitgeber wert ist. Und das ist mehr, hoffentlich deutlich mehr, als er dir dafür bezahlt. Wenn dem nicht so wäre, müsste das Unternehmen bald Konkurs anmelden. Wie viel verdienst du für deinen Arbeitgeber? Diese Frage ist für Verkäufer relativ leicht zu beantworten, für manch andere Tätigkeiten ist die Antwort nicht so einfach. Und doch macht es Sinn, darüber nachzudenken.

Mit einer solchen Zahl in Euro als Ergebnis deiner Überlegungen und Berechnungen ausgestattet, hast du zum Beispiel deutlich bessere Karten beim nächsten Gehaltsgespräch. Für Selbstständige und Unternehmer gilt sinngemäß dasselbe. Wie viel Geld spart oder bringt deine Leistung oder dein Produkt dem Kunden? Die Antwort darauf ist sehr hilfreich, wenn es um die Kalkulation und Durchsetzung eines angemessenen Preises geht.

VOM IST-WERT ZUM SOLL-WERT

Doch diese Überlegungen gemessen am Status quo, am Ist-Zustand, anzustellen, ist nur eine Betrachtungsweise. Eine interessante, doch sehr konservative, weil sie sich an der Gegenwart und nicht an der Zukunft orientiert. Sie orientiert sich an dem, was du dir und anderen jetzt wert bist und nicht an dem, was du wert sein möchtest. Sie orientiert sich an deinem jetzigen Gehalt und nicht an dem, was du verdienen möchtest.

Wenn du nur die Gegenwart als Messlatte heranziehst, wird dich das nicht voranbringen. Ja, du kannst marginale Fortschritte machen, indem du einen Tausch deiner Zeit gegen eine Ersparnis beim Tanken ablehnst, der dir nur 8 Euro pro Stunde bringt. 15 Euro wäre in Ordnung, denkst du vielleicht, weil 15 Euro pro Stunde (immerhin netto nach Steuern) in etwa das ist, was du jetzt verdienst. Doch genau diese Denkweise hat dich dahin gebracht, wo du jetzt auf deiner persönlichen Erfolgsleiter bist. Wenn du solche Tauschgeschäfte machst, wirst du auch genau da bleiben. Du festigst den Status quo, zementierst ihn ein.

Wenn du ein paar Sprossen auf deiner Leiter vorankommen willst, dann musst du solche Tauschgeschäfte ablehnen. Kategorisch. Diejenigen, die schon viele Sprossen über dir sind, würden das auch. *„Moment Mal! Die können sich das aber auch leisten, einen 15 Euro Tausch abzulehnen.“*, denken viele an dieser Stelle vielleicht. Doch diese Denkweise ist falsch, grundlegend falsch sogar. Sie verkehrt den Zusammenhang von Ursache und Wirkung. Sie können es sich nicht leisten, weil sie schon viele Sprossen auf der Erfolgs- und damit auch Einkommensleiter weiter sind. Es ist genau andersherum. Sie sind deshalb viele Sprossen weiter, weil sie solche Tauschgeschäfte nicht gemacht haben, als sie dort waren, wo du jetzt bist.

Dein Maßstab darf also nicht die Gegenwart sein, dein Status quo, sondern die Zukunft, das, was du erreichen willst. Und solange du dich z. B. mit 15 Euro pro Stunde bezahlst oder bezahlen lässt, wirst du keine Chance haben, deutlich mehr zu verdienen, weil deine Zeit zu diesen Beträgen üblicherweise rasch ausverkauft ist.

» *Handle so, als ob du schon dort wärst, wo du sein möchtest.* «

Diese Regel gilt nicht nur in Bezug auf Geld und Zeit, sondern für alles Erdenkliche im Leben. Je besser es dir gelingt, so zu denken und dich so zu verhalten wie die Person, die du sein möchtest, desto größer sind die Chancen, zu dieser Person zu werden, und desto rascher wird es dir gelingen.

LERNE, DEINE ZEIT WERTZUSCHÄTZEN

All diese Überlegungen lehren dich, bewusster mit deiner Zeit umzugehen. Deine Murmeln nicht allzu leichtfertig herzugeben, sondern noch sehr viel genauer zu überlegen, wofür. Wenn du dich damit beschäftigst, wirst du auch feststellen, dass die eigene Wertschätzung deiner Zeit steigt. Deine Zeit wird an Wichtigkeit für dich gewinnen.

» Wenn du nicht weißt, wie viel deine Zeit wert ist, wie sollen es die anderen tun? «

Wir erwarten, dass andere unsere Zeit sorgsam behandeln, sie nicht über die Maßen beanspruchen und wertschätzen. Doch wie können wir erwarten, dass die anderen das tun, solange wir unserer Zeit nicht selbst die Wertschätzung entgegenbringen, die sie verdient. Solange wir selbst unsere Zeit verschwenden, sogar mit Füßen treten, dürfen wir uns nicht wundern und schon gar nicht darüber beschweren, dass die anderen unserem Beispiel folgen und das auch tun. Wenn wir es selbst tun, muss es ja wohl vollkommen in Ordnung sein.

Wir haben ja zuvor bereits über sehr und wenig erfolgreiche Menschen und ihren unterschiedlichen Umgang mit ihrer Zeit gesprochen. Die Erfolgreichen haben gelernt, ihre Zeit wertzuschätzen, und stellen sie dorthin, wo sie hingehört: zu den allerwertvollsten Sachen. Gleich neben die Gesundheit und den nächsten Menschen.

Die Erfolgsformel, was den Umgang mit deiner Zeit betrifft, lautet allerdings nicht – wie viele meinen –, die täglichen 24 Stunden möglichst mit Aktivitäten vollzustopfen. Jedes Quäntchen Zeit zu nutzen. Grundsätzlich ist es nicht schlecht, die Zeit – jede Sekunde davon – zu nutzen, und doch ist das nicht das wichtigste. Entscheidend ist es vielmehr, deine Sekunden, Minuten und Stunden sinnvoll zu nutzen. Was sinnvoll ist und was nicht, wird durch dich selbst und deine Ziele definiert. Es geht darum, deine Zeit für jene Aktivitäten und jene Menschen einzusetzen, die dich deinen Zielen am schnellsten näherbringen. Dabei geht es nicht darum, in ruhelose Hektik zu verfallen. Ganz im Gegenteil. Zu entspannen, zu meditieren, zu lesen, mit deinen Kindern zu spielen und Zeit mit deinem Partner zu verbringen, kann sehr viel sinnvoller und zielführender sein, als viele andere scheinbar wichtige Aufgaben. Ohne die erwähnten Aktivitäten wirst du auf Dauer nicht die Kraft haben, die „wichtigen" Aufgaben umzusetzen. Bei der Bewertung, ob etwas sinnvoll und zielführend ist, ist es wichtig, den Zeithorizont der Betrachtung weiter auszudehnen als nur bis zum nächsten Monats- oder Jahresende.

Effizient sein, die Dinge richtig machen, ist also nicht falsch. Entscheidend ist es allerdings, effektiv zu sein und die richtigen Dinge zu machen. Wenn du es schaffst, Effizienz mit Effektivität zu paaren, dann bist du auf der Überholspur. Auf dem Weg, das zu erreichen, was du dir im Leben vorgenommen hast. Und das wird dir nur gelingen, wenn du geizig mit deiner Zeit bist.

REGEL #6

FEHLER SIND SCHLECHT …
MACHE MEHR DAVON

Gleich vorweg, um das klar zu stellen: Fehler an sich sind nicht gut, aber sie sind unvermeidbar. Zumindest, wenn du vorankommen willst – in welche Richtung auch immer. Fehler passieren. Fehler werden gemacht.

» Fehler sind das Amen im Gebet der Erfolgreichen. «

... und doch solltest du idealerweise keine machen.

Ich spreche nur deshalb davon, mehr Fehler zu machen, weil Fehler ein Maßstab sind. Sie sind ein Indiz für etwas anderes. Wenn du aktiv bist und Pläne umsetzt, vor allem aber dann, wenn du Neues ausprobierst, wirst du einen gewissen Prozentsatz davon in den Sand setzen oder wahlweise auch gegen die Wand fahren.

Das kann damit zu tun haben, dass das, was du da tun willst, von Haus aus nicht machbar und daher zum Scheitern verurteilt war. Dann war deine Entscheidung, es zu tun, ein Fehler. Es kann aber auch sein, dass es zwar machbar wäre, aber dass du es nicht geschafft, es verbockt hast. Weil du nicht die richtige Herangehensweise, die passende Strategie hattest oder dich ganz einfach nicht genug angestrengt hast. Das Ergebnis ist letztlich dasselbe: ein Misserfolg.

Und wenn man nun eine gewisse Fehlerquote, egal ob durch falsche Entscheidung oder schwache Umsetzung, unterstellt, dann heißt das aber auch, dass die Fehler mehr werden, wenn du mehr machst. Fehler sind so gesehen das mathematische Produkt von der Anzahl deiner Aktivitäten und der Fehlerquote. Das bedeutet, wenn du einfach mehr machst, wirst du – bei gleichbleibender Fehlerquote – auch mehr Fehler machen.

» Fehler = Anzahl der Aktivitäten x Fehlerquote «

Und mehr zu machen, aktiv zu sein, ist grundsätzlich keine schlechte Idee. Ganz im Gegenteil. Doch wenn du nur mehr von Dingen mit einer geringen Fehlerquote machst, wird dein Mehr an Aktivität das Ergebnis nicht wahnsinnig stark beeinflussen. Die Anzahl der Fehler wird sich in Grenzen halten. Und wie viel mehr kannst du machen? Dein Tag hat nur 24 sehr kostbare Stunden, wie wir im letzten Kapitel ja ausführlich besprochen haben. 10 % mehr machen. Ok, machbar. Vielleicht auch 20 oder 30 % – je nachdem, wie aktiv du bereits bist.

Die Zahl deiner Aktivitäten zu verdoppeln, könnte allerdings bei den meisten meiner Leserinnen und Leser ein schwieriges Unterfangen sein, zumal Menschen, die solche Bücher lesen – da bin ich fest überzeugt – bereits zum alleraktivsten Teil der Bevölkerung gehören. In hektische Betriebsamkeit zu verfallen ist also nicht der Weisheit letzter Schluss.

Der weitaus größere Hebel, was die Anzahl deiner Fehler betrifft, ist die Fehlerquote ... Sonst gibt es ja auch keine Variablen mehr in unserer Gleichung. Die Fehlerquote ist der Prozentsatz von Fehlschlägen an all deinen Aktivitäten. Dieser ist deutlich flexibler und veränderbarer als die Menge deiner Aktivitäten. Und so du nicht schon sehr weit fortgeschritten bist und eine Fehlerquote von 50 % oder mehr hast, ist auch eine Verdopplung durchaus denkbar. Das Schöne dabei ist: Es ist mit deutlich weniger Anstrengung verbunden, die Fehlerquote zu erhöhen als die Anzahl der Aktivitäten.

Rein mathematisch betrachtet, könntest du sogar weniger machen und durch die Erhöhung der Fehlerquote die Anzahl deiner Fehler deutlich steigern. Vor allem – aber nicht nur – wenn du ohnehin schon dem Burnout nahe und am Ende deiner Kräfte bist und ein Mehr an Aktivität kaum mehr vorstellbar scheint, ist die Fehlerquote dein Freund.

Doch mit der Fehlerquote verhält es sich genauso seltsam, so schizophren, wie mit den Fehlern. Ich spreche davon, diese zu steigern, und behaupte gleichzeitig, dass eine hohe Fehlerquote nicht gut ist, da sie mehr Fehler produziert. Was jetzt? Ich werde mich bemühen, diesen Widerspruch in den nächsten paar Zeilen einigermaßen aufzulösen, wenngleich – so fürchte ich – es mir nicht ganz gelingen wird. Mit dieser Rest-Unklarheit wirst du – wohl oder übel – leben müssen.

Die Fehlerquote könntest du steigern, indem du absichtlich Fehler machst. Den Gedanken wollen wir gleich wieder verwerfen. Das hätte keinen, wie auch immer gearteten Nutzen. Die Fehlerquote zu steigern, indem du dich so sehr mit der Menge deiner Aktivitäten überforderst, dass menschliches Versagen wahrscheinlicher wird, ist auch keine sinnstiftende Alternative.

Der einzig produktive Weg zu einer höheren Fehlerquote ist es, mehr Dinge zu wagen, die – wenn sie gelingen – dich einen Schritt voranbringen. Idealerweise sogar einen größeren oder wichtigeren. Das sind nicht solche, die von Haus aus zum Scheitern verurteilt sind.

Die unmöglichen. Doch Achtung, die Grenze zwischen dem, was unmöglich ist und unmöglich scheint, ist eine sehr unklare, verwaschene und dehnbare. Wenn du nicht ab und an auch das Unmögliche versuchst, wirst du nie erfahren, wo diese Grenze verläuft.

DIE GRENZEN ZUM UNMÖGLICHEN

Im Grunde gibt es zwei Grenzen zum Unmöglichen. Die erste ist die ganz große, die „Unmöglich für alle"-Grenze. Diese Grenze hat noch nie jemand überschritten. Daraus folgern wir, dass es sie gibt. Menschen können nicht fliegen (ohne Hilfsmittel wohlgemerkt) – wäre so eine Grenze, für mich zumindest. Aber vielleicht denke ich in diesem Punkt ja auch zu klein (allerdings bin ich da in sehr guter und großer Gesellschaft).

Diese „Unmöglich für alle"-Grenzen kannst du immer wieder einmal testen. Solltest du auch. Vielleicht solltest du dich dabei aber nicht – oder zumindest nicht immer – an jenen Varianten, die durch physikalische Gesetze einzementiert sind (wie das Fliegen etwa) versuchen.

Die Meile unter vier Minuten zu laufen war – ich betone WAR – lange so eine „Unmöglich für alle"-Grenze. Das ging nicht und jeder wusste das. Bis Roger Bannister am 6. Mai 1954 diese Grenze überwand und schneller war. Dass es tatsächlich eine „Unmöglich für alle"-Grenze war, hat sich daran gezeigt, dass es innerhalb kurzer Zeit viele andere auch schafften, die diese Grenze – offensichtlich – zuvor nie wirklich und ernsthaft getestet hatten.

Solcherart „Unmöglich für alle"-Grenzen wären eine lohnenswerte Herausforderung. Hebe dir das mit dem Fliegen für später auf. Grenzen wie diese solltest du immer wieder testen, nur um zu prüfen, ob sie noch da sind, wo sie vermutet werden – von dir und allen anderen. Dabei wirst du regelmäßig feststellen, dass sie da sind und fallweise eben auch, dass sie nicht oder nicht mehr da sind, wo sie eigentlich sein sollten. Vielleicht waren sie auch niemals da.

Nutze diese „Unmöglich für alle"-Grenzen wie Salz. Eine Prise, gut dosiert, macht das Essen schmackhafter, ganz abgesehen davon, dass es dein Körper braucht. Zuviel davon versalzt dir nicht nur deine Speise, sondern auch dein Leben. Wenn deine Fehlerquote dadurch auf die 100 %-Marke zuginge, macht das auch nicht mehr wirklich Spaß.

Ist diese erste große Grenze erst einmal überwunden – von irgendjemandem, nur eben noch nicht von dir – gibt es die zweite: die „Unmöglich für mich"-Grenze. Diese ist nicht ganz so schwierig wie die erste, aber – so weiß aus eigener Erfahrung – schwierig genug. „Nur, weil es die anderen können, heißt das noch lange nicht, dass ich es kann", denken wir regelmäßig, soweit es diese Grenzen betrifft.

Diese „Unmöglich für mich"-Grenzen solltest du rücksichtslos überschreiten. Auch, wenn sich irgendetwas in dir vielleicht dagegen wehrt, deinen rationalen Verstand, deine Vernunft, deine Logik hast du als Mitstreiter auf deiner Seite. Wenn es die anderen können, meisten sogar viele und nicht nur einzelne Auserwählte, gibt es im hellen Tageslicht betrachtet kaum haltbare Gründe, warum du es nicht können solltest.

Wenngleich sinnvoll, bin ich dennoch etwas abgeschweift, daher zurück zum Thema. Es ging ja um die Fehlerquote. Das Überschreiten dieser Art Grenzen wird deine Fehlerquote deutlich erhöhen, ohne dich allerdings jedes Mal scheitern zu lassen. Zurück auch zur Schizophrenie des „Fehler sind schlecht, aber mache mehr davon", die ich ja versprochen habe, aufzulösen, verständlicher zu machen. Ein wenig zumindest. Du solltest mehr von dem tun, bisweilen wagen, was das Potenzial hat, deine Fehlerquote zu erhöhen, und dann alles daransetzen, damit erfolgreich zu sein und mit einer niedrigen Fehlerquote davonzukommen.

Und diese Aktivitäten finden alle außerhalb des Bequemen, des Angenehmen, der Vertrauten, des ganz und gar Sicheren statt. In diesen Bereichen ist deine Fehlerquote nämlich niedrig, nahezu Null bei vielen Dingen. Für Aktivitäten, die deine Fehlerquote erhöhen, musst du dich dorthin wagen, wo es unangenehm ist oder zumindest werden könnte. Dorthin, wo es vielleicht ein wenig schmerzhaft ist, manchmal auch sehr. Dorthin, wo du dir verlassen, hilflos und orientierungslos vorkommst, zu Beginn zumindest.

VON FALSCHEN UND RICHTIGEN FEHLERN

Dabei muss es gar nicht die nach außen hin große Sache sein, die dich in diesen Bereich führt. Nicht das große, spektakuläre Projekt, von dem alle Medien berichten. Vielmehr sind es oft die scheinbar kleinen Dinge, die „Unmöglich für mich"-Grenzen darstellen. Jemand Fremden anzusprechen, einen wichtigen Gedanken laut aussprechen oder gar dein wahres Ich, dein innerstes Selbst ausgewählten anderen zu zeigen und dich so verletzlich zu machen.

Derlei Dinge sind dazu angetan, in schmerzhaft peinlichen Situationen zu enden. Doch das ist gut so und wichtig. Wenn es nicht so wäre, wäre es keine Aufgabe, die deine Fehlerquote potenziell steigern könnte. Dich bloßzustellen, dich zu blamieren, ist eine lehrreiche Erfahrung, die du öfter machen solltest. Täglich am besten.

Fehler sind, wie eingangs erwähnt, per se schlecht und doch können wir zweierlei Nutzen daraus ziehen. Erstens dienen sie als Indikator dafür, dass wir uns bemüht haben, unsere Grenzen zu überschreiten, und Dinge versucht haben, die das Potenzial haben, uns voranzubringen. Und da – so unterstelle ich – die Fehlerquote nicht 100 % betragen wird, bedeutet das, dass das eine oder andere dieser Projekte erfolgreich war und uns tatsächlich vorangebracht hat.

Die Anzahl der Fehler als Indikator für dein Leben heranziehend, bedeuten wenige oder – Gott bewahre – gar keine Fehler, dass du entweder zu inaktiv wärst und nichts machst (was aber auch ein Fehler sein kann) oder aber zu zaghaft bist und dich nicht in neue, unbekannte Gefilde vorwagst, sondern nur da aktiv bist, wo du dich auskennst und die Wahrscheinlichkeit eines Versagens, einer Blamage gleich Null ist.

Der zweite Nutzen, den wir aus Fehlern ziehen können, ist es, daraus zu lernen. Nachher sind wir ja bekanntlich immer schlauer. „*Wo ist es schiefgelaufen? Wo bin ich falsch abgebogen?*" oder auch „*Was hat mich zu der vollkommen falschen Grundeinschätzung verleitet?*" Die Erkenntnisse daraus führen dazu, es nächstes Mal besser zu machen. Fehlerfrei? Ja schon. Doch ist das Ziel nicht die Fehlerfreiheit, noch immer nicht. Vielmehr können wir, ausgestattet mit derlei Lernerfahrung, immer größere, gewagtere Dinge angehen, uns weiter aus dem Fenster lehnen und so immer schönere, spektakulärere Fehler machen.

Und natürlich dabei auch immer wieder spektakuläre Erfolge erzielen, als Nebenprodukt sozusagen.

Dabei geht es nicht darum, nächstes Mal besser zu sein als die anderen. Das wäre ein unpraktisches Ziel. Eines, mit zu vielen Variablen, die du nicht unter Kontrolle hast und steuern kannst. Vielmehr geht es darum, nächstes Mal besser zu sein als du selbst. Morgen trittst du gegen dein heutiges Ich an. Das ist der wahre Mitbewerb, dem du dich zu stellen hast. Der einzig echte.

Und wenn du diesen Wettkampf regelmäßig gewinnst, wirst du irgendwann auch besser als all die anderen. Ganz nebenbei. Nicht, weil du das so geplant hast, sondern weil es sich so gar nicht vermeiden lässt.

SEI NETT ZU DIR

Und wenn es dann einmal vollbracht ist und dir ein richtig guter Fehler gelungen ist, einer, der sich daraus ergeben hat, dass du dich weit auf unbekanntes Terrain gewagt hast, einer, aus dem du eine Menge lernen konntest, dann sei nett zu dir. Wir tendieren dazu, uns für Fehler selbst zu geißeln. „*Das ist wieder typisch. Mann, bin ich blöd. So etwas kann auch nur mir passieren.*" Das ist nicht einmal als Reaktion auf die wenig produktiven, die wenig intelligenten Fehler sinnvoll. Es schwächt dich.
Wie im Kapitel 2 bereits besprochen, bringt es dich dazu, dass du den Blödsinn tatsächlich zu glauben beginnst. Und das führt in keine gute Richtung.

» *Die guten Fehler gelingen, die schlechten passieren.* «

Sei nett zu dir, wenn dir ein Fehler gelingt (das sind die guten) und auch, wenn dir einer passiert (das sind die weniger guten). Sei verständnisvoll. Du bist ein Mensch, immer noch. Wenn du schon kritisch mit dir sein willst, dann sei es dann, wenn dir zu wenige Fehler gelingen oder gar keine. Das sollte dir zu denken geben. Da solltest du dich hinterfragen. Machst du zu wenig oder wagst du zu wenig? Fehlt es dir an Fleiß oder an Mut? Oder gar an beidem?

Doch selbst dann ist es nicht zielführend, in Selbstvorwürfen oder Selbstmitleid zu versinken. Das würde heißen, es dir zu leicht zu machen. „Leiden ist leichter als lösen" hat der Vater der Aufstellungsarbeit Bert

Helliger vollkommen zutreffend festgestellt. Mache Fehler und leide oder mache Fehler und lerne daraus, um nächstes Mal bessere Fehler zu machen. Leide oder löse. Du hast die Wahl, eine, die du treffen musst. Wenn du sie nicht triffst, dann wählst du automatisch das Leiden.

» Es gibt zu viel Tapferkeit und zu wenig Mut. «

Die Frage ist: Bist du tapfer oder mutig? Wenn du tapfer bist, wirst du das Leiden ertragen. Wenn du mutig bist, wirst du es überwinden und darüber hinausgehen. Wir brauchen – so gesehen – weniger Tapferkeit und mehr Mut, ganz generell auf der Welt.

Und das, was ich zu Beginn dieses Kapitels geschrieben habe, gilt immer noch: Fehler sind schlecht. Du solltest dich wahrhaft bemühen, dein Bestes geben, um möglichst wenige davon zu machen. Doch wähle dir Aufgaben, die die Wahrscheinlichkeit deines Scheiterns erhöhen. So wird – ganz unvermeidbar – ein gehöriges, ein vernünftiges, ein gesundes Maß guter Fehler übrig bleiben.

REGEL #7

WÄHLE DAS RICHTIGE SPIELFELD

Was die meisten meiner Leser vielleicht nicht wissen: Ich bin groß. 191 cm, um genau zu sein. Während meiner Schulzeit bis hin zum Abitur bzw. zur Matura konnte man mich mit meinen damals 72 Kilogramm als dünn bezeichnen. Schlaksig haben es wahrscheinlich viele genannt. Im Sport war ich nie eine Kanone. Den Sportunterricht verbrachten wir meistens mit Fußball oder Basketball, doch aus welchen Gründen auch immer, Mannschaftssport war nie meines.

Das wussten die anderen auch. Wenn es darum ging, Mannschaften zusammenzustellen, geschah das meistens in diesem unglaublich grausamen Wahlverfahren. Die meisten meiner Leserinnen und Leser kennen die Methode wahrscheinlich und einige haben davon vermutlich ein mittelschweres Trauma davongetragen, über das bzw. dessen Folgen sie möglicherweise heute noch regelmäßig mit ihrem Therapeuten sprechen.

Der Lehrer wählt die beiden Mannschaftskapitäne – meistens die Klassenbesten in der Sportart – aus und jene dürfen sich ihre Mitspieler wählen, immer abwechselnd, und so ihre Mannschaften zusammenstellen. Und natürlich, vollkommen verständlich und nachvollziehbar, wurden die sehr guten Spieler als erstes gewählt. Um die haben sich die Kapitäne gerissen. Sie wussten, dass die Chancen ihrer Mannschaft auf einen Sieg extrem von der Zusammenstellung ihrer Mannschaft abhängig waren.

Wenn sich die Mannschaften zu füllen begannen und man selbst immer noch „auf dem Markt war", begannen der Druck und die Nervosität zu steigen. Als Nächstes, wenn die Transfers der besten Spieler unter Dach und Fach waren, wurden andere Kriterien für die Auswahl entscheidend. Wenn man den Kapitän gut kannte, mit ihm sogar befreundet war, dann war das definitiv ein Vorteil und man kam in einer der Mannschaften unter. Irgendwo im Mittelfeld des Auswahlprozesses. Unspektakulär, aber zumindest nicht peinlich.

Schlimm wurde es, wenn nur mehr eine kleine Handvoll Spielerinnen oder Spieler zur Auswahl standen. 5, 4, 3 ... „Ich weiß, mein allerliebster Gott, ich habe dir vielleicht in letzter Zeit nicht die Aufmerksamkeit geschenkt, die du verdienst, aber ich verspreche, dass ich mich bessern werde. Bitte lass mich zumindest nicht der Letzte sein!" Manchmal nützte so ein Stoßgebet zur rechten Zeit am rechten Ort und man konnte sich gerade noch als viertletzter vom Transferplatz machen und schnell und leise in einer

Mannschaft Unterschlupf finden. Gerade noch mit einem blauen Auge davongekommen.

Dann gab es nur noch die negativen Top 3. Die Plätze am Podest sozusagen. Spätestens jetzt änderten sich die Auswahlkriterien noch einmal. Es ging nicht mehr um die Fragen „Wen will ich unbedingt in der Mannschaft haben?“ bzw. „Wer ist meine Freundin bzw. mein Freund?“, sondern spätestens ab da stand eine andere Frage im Vordergrund: „Wenn will ich auf keinen Fall in der Mannschaft haben?“. Es ging nicht mehr darum, wer etwas Positives zum Spielausgang beitragen konnte, sondern darum, jene zu vermeiden, die vermutlich nicht nur nichts beitragen, sondern die guten Spieler auch noch dabei behindern würden (die der eigenen Mannschaft wohlgemerkt), Tore oder Körbe zu erzielen, weil sie immer nur im Weg herumstanden.

Wenn die Auswahlmöglichkeiten also auf drei geschrumpft waren und dann noch länger überlegt wurde, wer von dem traurigen Rest das geringere Übel war, wurde es richtig peinlich. Und wenn ich von „länger“ spreche, dann waren das keine Minuten, sondern eher Sekunden, die sich aber wie Ewigkeiten anfühlen konnten. Die Dauer der Entscheidung allein sprach bereits Bände. Während die Entscheidung für die ersten Spieler binnen Sekundenbruchteilen getroffen war, brauchten sie mit fortschreitendem Auswahlprozess immer mehr Zeit dafür.

Alles in allem ein grausamer Prozess, der schon die eine oder andere Kerbe oder Schramme an der kindlichen oder jugendlichen Persönlichkeit hinterlassen kann, die auch im Erwachsenenalter noch zu sehen ist. Immerhin – wenn es ganz dumm läuft (und dumm kann sich durchaus auch auf die Lehrer beziehen, die solche Wahlprozesse durchführen, ohne sich der Konsequenzen bewusst zu sein – absichtliche seelische Grausamkeit möchte ich ihnen nicht unterstellen) –, ist man während der ganzen Schulzeit bei jeder einzelnen Wahl unter den negativen Top 3.

Das können je nach Land zwischen 9 und 12 quälend grausame, lange Jahre sein, wenn man es nicht schafft, entweder besser beim Spiel zu werden oder aber ausreichend viele ärztliche Atteste, elterliche Bestätigungen oder einfach nur gute Ausreden heranzuschaffen, die vom Sport und damit auch von diesem Wahlprozess befreien.

Ich hatte Glück. Obwohl ich nie zu den Topspielern gehörte, schaffte ich es zumindest, nicht das Image zu bekommen, nur behindernd im Weg herumzustehen. Zusätzlich war ich gut vernetzt und pflegte enge, freundschaftliche Kontakte zu den Sportskanonen und potenziellen Mannschaftskapitänen. Das führte dazu, dass ich meistens recht unspektakulär irgendwo im Mittelfeld des Auswahlprozesses unterkam.

Und wenn dann mal nicht Fußball oder Basketball angesagt war, dann stand meistens Laufen, die 60- oder die 100-Meter-Sprintstrecke auf dem Programm. Da gab es zwar den peinlichen Auswahlprozess nicht, was aber nicht bedeutete, dass diese Sportarten frei waren von Peinlichkeiten. Gleich vorweg: Ich war schlecht beim Laufen. Langsam. Lange Beine hatte ich zwar, aber ich konnte sie einfach nicht rasch genug bewegen. Das führte dazu, dass mir deutlich kleinere Läufer auf den Sprintstrecken regelmäßig einige Sekunden abnahmen. Eine Ewigkeit auf den kurzen Distanzen, wo im Spitzenfeld hundertstel Sekunden über Sieg oder Niederlage entscheiden.

Auch am Reck, am Stufenbarren oder beim Bodenturnen war ich nicht wirklich herzeigbar. Die Koordination meiner für diese Geräte viel zu langen Gliedmaßen war ausbaufähig, gelinde gesagt. All das bewirkte, dass ich das Image bekam, nicht besonders sportlich zu sein. Auch beim Sportlehrer, was wiederum dazu führte, dass ich in Sport – einem Unterrichtsfach, bei dem alles andere als eine Eins schlichtweg blamabel war – im Zeugnis auch einmal eine Zwei stehen hatte. Und das auch nur, weil der Sportlehrer auch noch zwei andere Fächer unterrichtete, in denen ich gut war. Der Halo-Effekt, ein psychologischer Ausstrahleffekt, hat da geholfen. Der Lehrer mochte mich, konnte es aber nicht mit seinem Gewissen vereinbaren, mir eine Eins im Sport zu geben.

Und so hatte ich während der gesamten Schulzeit das Gefühl, ein schlechter Sportler zu sein. Ein Gefühl, das sich zu einem festen Glaubenssatz entwickelte.

Doch das stimmte nicht. Es hatte nichts mit der Realität zu tun. Das entdeckte ich viel später, als ich so nebenbei begann, etwas Ausdauersport zu betreiben, Laufen vor allem. Das fiel mir leicht. Da merkte ich auch sehr rasch, dass ich besser war als viele andere und das, obwohl ich nicht wirklich viel und schon gar nicht professionell trainierte. Ich ging einfach nur zwei- bis dreimal pro Woche für eine halbe Stunde bis Stunde laufen.

Irgendwann hatte ich die Idee – wie so viele andere auch –, dass ich doch einmal im Leben zumindest einen Marathon laufen müsste. Eines von den Dingen, das sich auf sehr vielen Bucket Lists befindet. Auf deiner auch? Etwas, das man abhaken können sollte. Nachdem ich die halbe Distanz von etwas mehr als 20 Kilometern so ganz für mich privat schon mehrmals gelaufen war, dachte ich mir, dass der Marathon zu schaffen sein müsste.

Doch statt wie die meisten anderen vor ihrer Premiere auf der langen Distanz ein umfangreiches und genau geplantes Trainingsprogramm zu durchlaufen, dachte ich mir „Was soll's. Das schaffe ich auch so", und trat einfach beim Wachau-Marathon am 14. September 2014 an. Etliche Menschen in meinem Umfeld rieten mir ab. Manche dachten, ich würde an maßloser Selbstüberschätzung leiden und schon sehen, wohin mich das führen würde. Ein paar hielten mich vielleicht insgeheim sogar für leicht verrückt, einfach so, ohne besondere Vorbereitung zur Marathon-Premiere antreten zu wollen.

Und doch ließ ich mich nicht davon abbringen. Ich musste einfach nur 42,195 Kilometer lang einen Fuß vor den anderen setzen und schon wäre ich im Ziel. Doch ich wollte nicht einfach nur ins Ziel kommen. Meine Ambitionen waren größer. Ich wollte unter den vier Stunden bleiben, eine Marke, die die allerschnellsten zwar um die Hälfte unterbieten, die aber für viele Hobbyläufer durchaus eine Herausforderung darstellt.

Ich könnte vermutlich das ganze restliche Buch damit füllen, meine Erlebnisse und Befindlichkeiten während des Laufes zu schildern, doch ich mache es kurz: Mit einer Zeit von 3:49:22 lief ich ins Ziel ein. Erledigt, aber glücklich.

ERFOLGSFAKTOR SPIELFELD

„*Wozu erzählt er das?*“, fragst du dich vielleicht schon seit Beginn des Kapitels. Ich war vielleicht während der letzten Absätze etwas ausufernd, aber mit Hintergedanken. Die große Lernerfahrung für mich war, dass ich kein schlechter Sportler bin, ganz im Gegenteil. Heute würde ich mich sogar als sehr sportlich bezeichnen. In meiner Altersgruppe würde ich sogar wagen, zu behaupten, dass ich zu den 10 % der Sportlichsten gehöre. Doch das ist nicht der Punkt.

Wie sehr du dich bemühst und bei dem anstrengst, was du tust, ist sicher wichtig für die Erfolge, die du in verschiedenen Lebensbereichen erzielst. Doch sehr viel wichtiger ist es, das richtige Spielfeld zu wählen. Ich hätte unendlich viel trainieren können und wäre niemals ein guter Geräteturner und vermutlich bestenfalls ein mittelmäßiger Fußballer geworden.

Wenn die Schwerpunkte beim Schulsport allerdings auf Ausdauerbewegung gelegen hätte, hätte ein guter Trainer mein Talent vielleicht erkannt und ich hätte zu den Spitzenläufern der Schule oder darüber hinaus gehören können. Doch Laufen war unsexy im Vergleich zu Fußball. Ich hadere allerdings nicht mit meinem Schicksal, das mich so lange als unsportlich abgestempelt hatte. Zum echten Topläufer auf nationaler Ebene und darüber hinaus hätte es vermutlich trotzdem nicht gereicht.

Auf welchem Spielfeld bist du tätig? Auf einem, das deinen Stärken entspricht? Auf einem, auf dem es dir leichtfällt, gut zu sein? Auf einem, auf dem du besser bist als die meisten anderen, auch wenn du dich nicht anstrengst? Auf einem, auf dem du so richtig gut bist, wenn du dich anstrengst? Auf welchem Spielfeld spielst du? Ist es das richtige?

Wie du feststellst, ob es das richtige ist? Es gibt eine Reihe von Testverfahren (z. B. den Gallup Strengths Finder Test), die dir dabei helfen, herauszufinden, wo deine Stärken liegen, und eine Menge Bücher zum Thema. Es ist sicher kein Fehler, dich damit zu beschäftigen, wenn du dir noch nicht sicher bist, was das Spielfeld ist, auf dem du spielen solltest.

Oft ergibt es sich aber dadurch, dass du einfach Verschiedenes machst und ausprobierst. Bei manchen Dingen wirst du rasch merken, dass sie gar nicht „Deine“ sind. Andere machen dir vielleicht Spaß, aber fallen dir schwer.

Diese kannst du durchaus weitermachen, solange du nicht beschließt, dass es jenes Spielfeld sein muss, auf dem du erfolgreich sein willst. Mache sie weiter. Schließlich braucht man auch Hobbys.

Wenn es allerdings darum geht, etwas zu erreichen, ist Spaß an der Sache schon wichtig. Aber nicht das einzig Wichtige und wahrscheinlich auch nicht so entscheidend, wie wir oft meinen. Bei der Wahl deiner Spielfelder sollte im Vordergrund stehen, ob dir etwas leichtfällt. Wenn du deine Spielfelder nach diesem Prinzip auswählst, wirst du viel schneller viel weiter kommen bei den Dingen, die du erreichen willst. Das sind jene Spielfelder, in denen deine Potenziale vergraben liegen, Schätze, die darauf warten, gehoben zu werden.

Manchmal brauchen die Dinge auch Zeit. Man selbst braucht Zeit, um seine Stärken zu erkennen, nur um sich danach zu wundern, dass man sie nicht schon viel früher erkannt hat. Ich habe mein erstes Buch bereits 1991 geschrieben – einen Roman, damals von einigen Verlagen abgelehnt und bis heute unveröffentlicht.

Dann hat es 15 Jahre gedauert, bis mein erstes Buch 2006 veröffentlich wurde – Die letzten Geheimnisse im Verkauf – ein Ratgeber in einem Roman versteckt. Es fiel mir leicht, es zu schreiben, und es wurde richtig gut, was ich daran feststelle, dass es mir auch heute nicht peinlich ist, wenn ich hineinlese. Ein Jahr später folgte das nächste: Der Stretchfaktor. Damals hätte ich schon erkennen können, nein müssen, dass Bücher schreiben eines meiner Spielfelder war.

Doch ich habe es nicht wirklich ernst genommen. Erst 2019 bin ich durch eine Zufallsbekanntschaft wieder auf das Thema gestoßen und habe begonnen, das Schreiben zu einer professionellen Tätigkeit auszubauen. Heute bin ich Autor und schreibe mehrere Bücher pro Jahr, ohne zu behaupten, ich würde es wirklich ernst nehmen. Die Bücher schreibe ich nebenher. 30 Minuten am Morgen oder am Wochenende auch mal ein oder zwei Stunden. Es geht einfach, mühelos und schnell, weil es mein Spielfeld ist.

Und obwohl diese Regel „Wähle das richtige Spielfeld" klar und logisch erscheint, treffe ich jede Menge Menschen, die eindeutig am falschen Spielfeld spielen. Bei vielen wurden und werden die Spielfelder von den anderen ausgesucht, wie bereits im ersten Kapitel dargelegt.

Von den Eltern zum Beispiel, wenn sie den Beruf oder auch das Hobby des Sprösslings vorab definieren. Nicht, weil es den Stärken und Interessen des Sohnes oder der Tochter entspricht, sondern weil es das ist, was sie selbst immer schon wollten, aber nie erreicht haben oder nie versuchen durften.

Wie ist das mit deinem Spielfeld? Hast du es selbst gewählt oder wurde es für dich gewählt? Wenn Zweiteres der Fall ist ... nur so als Information ... du bist jetzt erwachsen (unterstelle ich mal) und kannst deine eigenen Entscheidungen treffen. Ja, ich weiß, die Eltern wären immer noch enttäuscht, wenn du ihren Traum (der vielleicht dein Albtraum ist) nicht länger leben würdest. Doch das ist nicht dein Problem oder sollte es zumindest nicht sein. Sie sind erwachsen und du kannst ihnen zumuten, mit ihren Enttäuschungen selbst fertig zu werden. Und wenn nicht. Gib ihnen dieses Buch zu lesen und ich helfe ihnen auf diesem Weg dabei.

NACHFRAGE VORAUSGESETZT

Als Berater treffe ich immer wieder auch auf Unternehmen, die genau das tun – am falschen Spielfeld spielen. Oft werden Spielfelder bespielt, weil der Gründer, der Ur-Ur-Großvater irgendwann im letzten Jahrhundert mit dem Unternehmen auf diesem Spielfeld gestartet war. Damals, vor 50 oder auch 100 Jahren, war es ein gutes Spielfeld. Heute ist es das nicht mehr. Immer wieder höre ich, dass das, was über Jahre hinweg doch so stark nachgefragt wurde, heute kaum mehr jemanden interessiert. Oder auch jene Bereiche, in denen richtig gut Geld zu verdienen war – vor wenigen Jahren noch – heute nur noch Schlachtfelder von aggressiven Preiskämpfen sind. Schade, aber dem nachzutrauern bringt dich nicht weiter. Wenn ich die Unternehmer oder Manager dann frage, warum sie denn noch in jenem Spielfeld tätig sind, bekomme ich oft erstaunte bis verständnislose Blicke als Antwort.

Die Dinge ändern sich, immer schneller sogar. Und das gilt nicht nur für Unternehmen, sondern betrifft jeden Einzelnen. Vor 50 Jahren noch konnte man in einem Beruf in ein und demselben Unternehmen durchaus sein gesamtes Arbeitsleben zubringen. Heute ist das kaum mehr möglich. Das bedeutet aber auch, dass du bei der Wahl deiner Spielfelder unter Beachtung deiner Stärken das zweite Auge darauf haben musst, ein Spielfeld zu wählen, auf dem auch gespielt wird, auf dem Tore erzielt und Punkte gesammelt werden können. Dich als Einziger auf Spielfeldern herumzutreiben, die niemanden sonst interessieren, bringt dich auch nicht weiter. Und jene, auf denen mit so harten Bandagen gekämpft wird, dass es keine Sieger gibt, weil alle Spieler vor Spielende verletzt vom Platz getragen werden, würde ich auch nicht empfehlen zu wählen.

Oft bleiben Menschen oder Unternehmen auch auf Spielfeldern, wenn diese zu sehr unangenehmen, sogar lebensfeindlichen Orten geworden sind, und verharren auch dann noch dort, wenn alle anderen deshalb schon lange das Weite gesucht haben. Warum? Das kann unterschiedliche Gründe haben. Tradition, weil es immer schon das Spielfeld war, auf dem man gespielt hat. Mangelndes Know-how, weil man von anderen Spielfeldern zu wenig oder keine Ahnung hat. Angst, weil wir das bekannte Übel gerne dem Unbekannten mit all seinen potenziellen Gefahren vorziehen. Was hält dich auf den Spielfeldern fest, von denen du weißt, dass du sie verlassen solltest, einfach weil du keinen Grund mehr findest, der dafürspricht, dortzubleiben?

Mit Traditionen kannst du brechen. Know-how kannst du dir aneignen. Angst kannst du überwinden – nicht indem du sie nicht mehr empfindest (das wäre möglicherweise Dummheit), sondern indem du trotzdem aktiv wirst und in sie hineingehst. In aller Regelmäßigkeit wirst du dann feststellen, dass das, wovor du dich so gefürchtet hast, gar nicht so furchterregend oder oft auch gar nicht vorhanden ist. Du hast die Energie dafür, indem du deine Tapferkeit in Mut verwandelst.

Oft sind es die Umstände, die äußeren Rahmenbedingungen, die uns förmlich zwingen, uns andere Spielfelder zu suchen. Bedingt durch die Corona-Krise ist ein wichtiges Geschäftsfeld für mich – das Halten von Vorträgen auf größeren Veranstaltungen – mit einem Schlag vollkommen weggebrochen. So, als wenn jemand einen Schalter umgelegt hätte. Dadurch war ich gezwungen, nicht nur meine Zeit anderweitig sinnvoll zu nutzen, sondern ganz einfach auch mein Geld auf andere Arten zu verdienen. Wenn das nicht passiert wäre, wäre ich heute jemand, der einfach nur ein paar Bücher geschrieben hätte. Autor, jemand, der mit dem Schreiben einen guten Teil seines Einkommens erwirtschaftet, bin ich dadurch geworden. Ein gutes Jahr hat das gedauert.

Das Leben, auch dein Leben, bringt es sehr viel öfter als früher mit sich, dass du dich verändern und sogar völlig neu erfinden musst. Wenn es eine Fähigkeit gibt, die du dir unbedingt aneignen solltest, dann ist es jene, dich neu zu erfinden. Neue Spielfelder erfordern neuen Spieler, um zu gewinnen.

Wir glauben immer, wir seien eben so, wie wir sind. Doch wer sagt das? Wo steht das geschrieben? Das Einzige, was uns zu dem macht, was wir sind, sind wir selbst. Wenn es dir gelänge – was nicht immer einfach, oft sogar recht schwierig ist –, dich zu verändern und dein bisheriges Ich wie einen Mantel abzulegen, dann könntest du in jedem Moment deines Lebens beginnen, jemand anderes zu werden und zu sein. Und nein, das mit dem Mantel ablegen, um einen anderen anzuziehen, wird nur selten so rasch gelingen. Meist ist es eine Evolution, die über Wochen, Monate oder Jahre geht. Und doch geht es.

Wähle dein Spielfeld und lass dich nicht zurückhalten. Nicht von überholten Traditionen, nicht durch mangelndes Know-how, nicht von anderen Menschen und schon gar nicht von Angst. Von gar nichts. Wenn du deine Ziele erreichen und deine Potenziale ausschöpfen willst, mache das, was dir leichtfällt, und dort, wo es für dich einträglich (nicht nur im finanziellen Sinne) ist.

REGEL #8

TRIFF KLUGE ENTSCHEIDUNGEN

Angenommen, dir gibt jemand eine Süßigkeit, die du – so du das willst – gleich essen kannst, und geht weg. Doch gibt es eine zusätzliche Regel. Wenn du sie nicht isst und wartest, bis er wiederkommt, bekommst du noch eine weitere zu deiner freien Verfügung. Isst du die erste gleich oder kannst du widerstehen und wartest auf die zweite?

Genau dieses fiese Experiment wurde mit kleinen Kindern gemacht und unter dem Namen „Marshmellow"-Experiment (durchgeführt von Walter Mischel in den 60er-Jahren) berühmt. Wozu quält man Kinder mit derart schwierigen Entscheidungen? Die These dahinter war, dass diejenigen, die widerstehen konnten, die „Nein sagen" konnten zu dieser Versuchung, im Leben besser abschneiden und erfolgreicher sein würden. Der Lebensweg der Kinder wurde über einen längeren Zeitraum von den Psychologen verfolgt. Es stellte sich heraus, dass die These richtig war. Diejenigen, die den Marshmallow-Test bestanden, schnitten tatsächlich besser ab, wenn es darum ging, auf die eine oder andere Art erfolgreich zu sein.

„Was haben Süßigkeiten mit Erfolg zu tun?", könnte man zurecht fragen. Rein ökonomisch, rational betrachtet, ist es natürlich wesentlich klüger, kurze Zeit zu warten, aus einem zwei Marshmallows zu machen und den Genuss in Form von Süßigkeiten damit zu verdoppeln. Doch Menschen sind – entgegen der früheren, irrigen Annahme – weit davon entfernt, rationale Wesen zu sein, wenn es darum geht, kluge Entscheidungen zu treffen. Nicht nur bei Süßigkeiten machen uns die Emotionen einen Strich durch die Rechnung.

Die weitere Annahme, die hinter dieser Studie steckt, ist, dass es zulässig ist, von Entscheidungen bei kleinen Fragen wie z. B. „Esse ich den Marshmallow jetzt gleich oder warte ich lieber auf den zweiten?" auf größere und für den Verlauf und Ausgang des Lebens deutlich wichtigere Entscheidungen zu schließen. Die Muster des Entscheiders, die dahinterstecken – so wird unterstellt –, sind dieselben. Diejenigen, die der Versuchung des Marshmallows nicht widerstehen können, können auch so manch anderen Versuchungen nicht widerstehen, die sich auf den Erfolg in verschiedensten Lebensbereichen massiv auswirken.

Das ist die wissenschaftliche Bestätigung des in Kapitel 4 erwähnten Zitats „How you do anything, you do everything.". Und in der Tat hat das auch sonst sehr viel mit der Regel zu tun, der wir uns in Kapitel 4 ausführlich gewidmet haben: „Lerne, Nein zu sagen." Delayed gratification oder Belohnungsaufschub heißt das Zauberwort. Gemeint ist damit die Fähigkeit, kurzfristigen Versuchungen zu widerstehen, um damit längerfristig besser abzuschneiden.

DER TÄGLICHE MARSHMALLOW-TEST

Nun ist es so, dass Marshmallows hierzulande weder für Kinder noch für die meisten meiner erwachsenen Leser eine Versuchung sind, dem es wahnsinnig schwerfällt, zu widerstehen. Vermute ich zumindest ... Doch wir brauchen gar keine Marshmallows. Es gibt sehr viele und sehr viel attraktivere Versuchungen, die täglich unsere Wege kreuzen. Was davon für wen eine Versuchung ist, ist natürlich eine höchst individuelle Sache, aber es ist für jeden etwas dabei.

Vor Entscheidungen wie die folgenden stellt uns das Leben tagtäglich mehrfach. Soll ich das Paar Schuhe, das ich zwar (ganz genau genommen) nicht brauche, aber doch haben will, kaufen oder das Geld lieber sparen und investieren? Wobei ich inzwischen mehrfach von Frauen belehrt wurde, dass die Frage „Brauchst du die denn wirklich?" im Zusammenhang mit Schuhen eine vollkommen unangebrachte und irrelevante Frage ist.

Soll ich noch bleiben, wo es gerade so lustig ist, und ein wenig mehr von dem unglaublich leckeren Rotwein trinken oder morgen zu einer vernünftigen Zeit und mit klarem Kopf aufwachen und etwas vom nächsten Tag haben? Soll ich den Blick des attraktiven Mannes bzw. der attraktiven Frau an der Bar erwidern (was immer dann folgen mag) oder lieber das Risiko eines für Partner und Familie verheerenden Folgen eines Seitensprungs in Kauf nehmen?

All das sind Fragen, mit denen wir jeden Tag konfrontiert werden, Entscheidungen, die wir zu treffen haben. Im Grunde geht es dabei immer um dieselbe Frage: Jetzt gleich mehr Genuss, mehr vom Leben, oder jetzt verzichten und dafür später mehr?

Was die falsche und was die richtige Antwort ist, ist natürlich so allgemeingültig gar nicht zu sagen. Und schon gar nicht im Voraus. Im Nachhinein – das wissen wir aus Erfahrung – sind wir immer schlauer. Schließlich kommt es darauf an, was mehr Punkte bekommt auf deiner eigenen Bewertungsskala: der unmittelbare Genuss, den du gegebenenfalls mit Minuspunkten für spätere Nachteile gegenrechnen musst, oder der spätere Genuss, was kurzfristig Minuspunkte bringt.

Und obwohl das natürlich eine individuelle Entscheidung ist, wage ich dennoch zu behaupten, dass wir zu oft Entscheidungen treffen, bei denen wir der kurzfristigen Versuchung nachgeben und es später dann bereuen. Viel öfter jedenfalls als umgekehrt, was natürlich auch vorkommen kann. Kannst du dich mit dieser These anfreunden?

Wenn diese These richtig ist, dann bedeutet es aber auch, dass es in vielen Fällen klüger wäre, unsere Bewertungskriterien zu verändern und die Zukunft schwerer zu gewichten. Nun kann man natürlich mit Fug und Recht behaupten, dass es ein trauriges Leben wäre, wenn man alle Genüsse so lange in die Zukunft verschiebt, bis sie ungenießbar werden, weil man dann nichts mehr davon hat, zu alt oder gar schon frühzeitig verschieden ist. Richtig, das ist die Gefahr dabei.

Doch gibt es, wie bei so vielen Dingen im Leben auch einen Mittelweg, den zu beschreiten für viele schon einen riesigen Fortschritt in Sachen erfolgreicheres Leben bedeuten würde. Wenn ich dich dafür gewinnen konnte, stellt sich die Frage des Wie. Wenn es so einfach wäre, dann würden wir diesen Weg öfter beschreiten und auf mehr Marshmallows kurzfristig verzichten. Doch offenbar können das ja einige besser als andere. Was machen jene anders?

WIE KLÜGERE ENTSCHEIDUNGEN ABLAUFEN

Bei Studien zum Übergewicht wurden die Entscheidungsstrategien von Menschen analysiert, wenn es darum geht, Essen aus einer Speisekarte auszuwählen. Das ist eine banale, aber oft gar nicht so einfache Entscheidungssituation. Ich ertappe mich selbst dabei, wenn ich beim Asiaten nach zehn Minuten immer noch vor der Speisekarte sitze und mich frage: „Was soll ich bloß essen?". Dabei hatte ich sie bereits zweimal zugeschlagen und meine Entscheidung getroffen, um sie kurz darauf wieder zu öffnen und die Entscheidung infrage zu stellen. Doch dazu später noch mehr.

An dieser Stelle geht es um etwas anderes. Es wurde analysiert, wie schlanke Menschen ohne Gewichtsprobleme Essen auswählen, und wie übergewichtige, die ständig mit mehreren bis sehr vielen überschüssigen Kilos kämpfen, das tun. Natürlich gab es Unterschiede im Ergebnis. Die einen wählten weniger und tendenziell „gesünderes" Essen aus. Dass das die Schlanken waren, wird dich nicht überraschen. Doch das ist jetzt keine Erkenntnis, die uns irgendwie voranbringt.

Als man bei der Analyse den Entscheidungsprozess, der intern oft binnen Sekunden abläuft, in seine einzelnen Bestandteile zerlegte, gab es einen zusätzlichen Schritt, den die Schlanken im Unterschied zu den Übergewichtigen machten. Alle fragten sich stumm: „Was gibt es alles? Was würde mir schmecken?" und stellten sich vor, wie es schmecken würde. Die Übergewichtigen tendieren nun dazu, den Prozess an dieser Stelle zu beenden und den Speisen, die sich am vorgestellten Gaumen am besten anfühlten, den Vorzug zu geben.
Die Schlanken jedoch stellten sich noch weitere Fragen, bevor sie eine Auswahl treffen: „Wie werde ich mich körperlich fühlen, wenn ich das gegessen habe?", „Werde ich ein schlechtes Gewissen haben und wie wird sich das anfühlen?", „Wie werde ich aussehen, wenn ich solche Speisen esse? Werde ich zunehmen? Will ich das?".

All diese Fragen haben eines gemeinsam: Sie beziehen sich auf die Zukunft. Das bedeutet, die Schlanken beschäftigen sich intensiv mit den Folgen ihrer Entscheidung und malen sich potenzielle negative Folgen in lebhaften Farben aus, BEVOR sie die Entscheidung treffen. Die Übergewichtigen tun das seltener oder gar nicht, sondern haben dann irgendwann mit den Folgen zu kämpfen.

Dasselbe Muster lässt sich natürlich auch auf alle möglichen anderen Entscheidungen anwenden. Sogar auf den Schuhkauf. Sorry, liebe Schuhfetischisten (das können natürlich auch Männer sein), die Fragen „*Brauche ich die Schuhe? Wie wirkt sich das auf meine Finanzen aus, wenn ich mir ständig Schuhe kaufe … die ich nicht wirklich brauche? Wie viel Geld könnte ich sparen, wenn ich das nicht täte, und was könnte ich damit anfangen?*" sind dabei durchaus relevant. Und nein, du musst deshalb nicht barfuß herumlaufen … Es gibt ihn, den goldenen Mittelweg.

Warren Buffett, Investorenlegende und einer der reichsten Menschen, hat genau dieses Muster in jungen Jahren schon angewandt, aber in einer deutlich extremeren Form, wie in seiner umfangreichen Biografie zu lesen ist. Wenn es darum ging, etwas zu kaufen, kein Investment, sondern eine Konsumausgabe zu tätigen, hat er berechnet, was ihm der Betrag, den er jetzt ausgeben könnte, bringen würde, wenn er ihn stattdessen schlau investieren würde. Er hat dabei sehr langfristig gedacht und Zinseszinseffekte miteinberechnet. Diese Rechnung hat regelmäßig so hohe Beträge ergeben, dass ihm die Entscheidung, die Ausgabe nicht zu tätigen, letztlich ganz leicht viel. Und der Erfolg gibt ihm recht, würde ich meinen.

Wenn du also klügere Entscheidungen treffen willst, dann hilft es, dabei einen Blick in die Zukunft zu werfen – oder auch zwei. Je wichtiger die Entscheidung, desto intensiver und länger solltest du in die Zukunft blicken und dir die Konsequenzen deiner Entscheidung ausmalen. Die guten, positiven wie auch die negativen. Und wenn diese Gegenüberstellung immer noch nahelegt, den Marshmallow gleich zu essen, dann mache es. Doch wenn schon, dann mache es mit Genuss. Ziemlich unintelligent wäre es, wenn du dich für den unmittelbaren Genuss entscheidest und diese Entscheidung aber schon in dem Moment bereust, in dem du sie getroffen hast. Dann versaust du dir nicht nur die Zukunft, sondern auch den aktuellen Moment. Du hättest das Schlechte aus beiden Welten.

WAS DU IM RESTAURANT FÜR'S LEBEN LERNST

Womit wir schon beim nächsten sehr wichtigen Aspekt sind, wenn es um Entscheidungen geht – die Kraft, mit der sie getroffen werden. Wie kurz erwähnt, passiert es mir durchaus immer wieder einmal, dass ich länger vor einer Speisekarte sitze und meine Auswahl mehrmals revidiere oder zumindest infrage stelle. Vielleicht kennst du das ja auch. Dabei muss ich zu meiner Entschuldigung sagen, dass manche Restaurants es einem wirklich schwer machen, eine Entscheidung zu treffen, speziell manche asiatischen. 15 Varianten einmal durch mit Huhn, einmal mit Rind, einmal mit Ente, einmal mit Fisch und dann noch eine lange Liste von Spezialitäten und Schätzen ... das summiert sich rasch zu 60 bis 80 Möglichkeiten. Vorspeisen und Desserts sind dabei noch gar nicht inkludiert. Studien zeigen, dass unsere Fähigkeit, eine Wahl zu treffen, sinkt, wenn die Anzahl der Wahlmöglichkeiten steigt.

Wenn ich mich allerdings dabei ertappe, dass ich für die Speisenauswahl im Verhältnis zur Wichtigkeit dieser Entscheidung für mein Leben schon viel zu lange brauche, zwinge ich mich dazu, innerhalb von 30 Sekunden (tatsächlich unter Zuhilfenahme der Stoppfunktion meiner Uhr oder meines Smartphones) eine Vor- und eine Hauptspeise auszuwählen und diese Wahl auch nicht mehr infrage zu stellen.

Immer wieder beobachte ich andere Menschen, die diesbezüglich viel schlimmer und daher viel ärmer dran sind als ich. Da wird nicht nur während der Auswahl mehrmals revidiert. Sobald der Kellner mit der Bestellung den Tisch verlassen hat, beginnt das Spiel von Neuem. „Ich hätte doch das andere nehmen sollen." – „*Dann sage es dem Kellner. Noch geht es.*" – „*Meinst du? ... Nein, ich lass es mal.*"

Dann wird am Nachbartisch das Essen aufgetragen. Das wird mit einem ehrlich bewundernden und von begehrlichen, etwas neidvollen Blicken begleiteten „Das sieht aber gut aus" kommentiert. „*Vielleicht hätte ich doch lieber das nehmen sollen*" wird nicht immer laut ausgesprochen, aber spürbar laut gedacht.

Die nächste, aber noch nicht letzte Runde wird eingeläutet, wenn dann das Essen an den eigenen Tisch kommt. Nach einer kurzen, aber eingehenden Prüfung der Speisen aller Anwesenden, im Laufe derer sich die steigende Unzufriedenheit am sich ändernden Gesichtsausdruck deutlich ablesen lässt, wird das routinemäßig kommentiert mit „*Deines sieht aber gut aus. Das hätte ich nehmen sollen.*". Das ist der Standardkommentar, egal, wer was bestellt hat.

Ein großzügiges „*Willst du tauschen?*"-Angebot wird abgelehnt, wohl auch, weil man insgeheim weiß oder vielleicht eher spürt, dass ein Tausch die Angelegenheit nicht zum Besseren verändern würde. Das Problem bleibt: Man kann nicht beides oder alles haben – oder zumindest nicht essen. Die Entscheidung für das eine bringt zwingend den Verzicht des anderen mit sich und der Verzicht ist es, was uns in derlei Situationen so zu schaffen macht.

Das Ganze wiederholt sich natürlich bei jedem Gang in leicht mutierter Art und Weise. Einen Nachschlag und zugleich krönenden Abschluss gibt es dann in Form eines durchaus versöhnlichen und zufriedener klingenden „*Nächstes Mal nehme ich das, was du hattest.*". Wobei jedem aktiven Teilnehmer an der Szene und jedem Leser als stillem Beobachter vollkommen klar ist, dass das den Ablauf der Szene nicht grundlegend ändern wird.

So mancher mag sich an der Stelle wohl auch entnervt denken: „*Es wird kein nächstes Mal geben.*". Auch wenn ich die Situation vielleicht ein wenig literarisch dramatisiert haben mag – so wichtig ist das Ganze ja schließlich gar nicht – und auf die Gefahr hin, mich zu wiederholen: „How you do anything, you do everything."

DIE QUAL DER WAHL

Zu viele Wahlmöglichkeiten tun uns nicht gut. Sie bringen keine besseren Entscheidungen mit sich, sondern führen in vielen Fällen zu langsameren Entscheidungen, die dann oft auch gar nicht getroffen werden, weil wir schlicht von der Auswahl überfordert sind und das Heil in der Flucht aus der Situation suchen.

Und wenn wir uns dann doch zu einer Entscheidung durchringen, kann es gut sein, dass es ein langes und zermürbendes Hadern mit dieser nach sich zieht. Kognitive Dissonanz ist der Fachausdruck für dieses Hadern, den man in der Psychologie verwendet. Im Marketing wird diese als Nachkaufreue bezeichnet, die aber durchaus auch vor dem Kauf, wie man an der Restaurantszene sieht, bereits sehr aktiv ist. Einfach erklärt heißt das: Wir fragen uns ständig, ob die Entscheidung auch die richtige war.

Diese Frage können wir uns naturgemäß nicht stellen, wenn wir keine Wahlmöglichkeit hätten. Ein festes Menü im Restaurant ohne jede Wahlmöglichkeit lässt keinen Raum für kognitive Dissonanz. Natürlich kann beurteilt werden, ob es gut oder schlecht geschmeckt hat. Wenn es schlecht war, ist der Koch schuld. Wenn man eine schlechte Wahl getroffen hat, ist man selber schuld. Für die emotionale Befindlichkeit ist es natürlich vorzuziehen, wenn jemand anderes die Schuld trägt.

So gesehen kann es durchaus sinnvoll sein, Situationen mit zu vielen Wahlmöglichkeiten zu vermeiden. Vielleicht ist es ja die emotionale Entlastung, die manche Völker und Kulturen im Sinn haben, wenn Ehen arrangiert werden – was nebenbei auch bei uns in früheren Zeiten der Standard war. Die Liebesheirat ist ein quasi moderner Luxus, den wir zum neuen Standard erhoben haben. Ob das ein Fortschritt ist, kann man durchaus kontrovers diskutieren, wenn man sich die Scheidungsrate in westlichen Ländern ansieht. Die kognitive Dissonanz – vor und nach der „Kaufentscheidung" – ist allgegenwärtig.

Arrangierte Ehen sind – wie Studien zeigen – oft glücklicher und halten länger als solche, die auf Basis freier Entscheidungen und des Gefühls der Liebe entstanden sind. Auch der Begründung sind die Psychologen auf die Spur gekommen. Beide Partner wissen von Beginn an, dass auf ihrer Speisekarte nur ein Gericht steht. Eine Beschwerde beim Koch kann man zwar vorbringen, nützt aber nichts. Auch ein Verlassen des Restaurants ist in vielen Ländern und Kulturen ausgeschlossen. In einer solchen Situation sind die Beteiligten von Beginn an wesentlich mehr gefordert, das Beste daraus zu machen. In Liebesehen ist das – zumindest zuerst – nicht notwendig. Man hat ja bereits das Beste. Das allerbeste sogar ... bis sich herausstellt, dass das Wiener Schnitzel doch nur vom Schwein statt vom Kalb ist, wie es sich für ein echtes Wiener Schnitzel gehört. Und Flachsen hat es obendrein auch noch.

Damit will ich keine Lanze für arrangierte Ehen brechen und den Rückwärtsgang in der diesbezüglichen gesellschaftlichen Entwicklung einlegen. Die Wahlmöglichkeit halte ich definitiv für die Situation, welcher ich den Vorzug gebe.

Die Lernerfahrung daraus ist vielmehr eine andere, hintergründigere. Viele (nicht alle) Entscheidungen sind nicht von Haus aus gut oder schlecht. Vielmehr kommt es darauf an, wie wir sie treffen und was wir daraus machen.

**» Jede Entscheidung ist die richtige,
wenn sie mit Kraft getroffen wird. «**

sagt Manfred Winterheller, ein österreichischer Motivationstrainer in einem seiner Vorträge. Triff deine Entscheidungen mit Kraft. Ohne unnötiges, der Situation nicht angemessenes Zaudern. Ohne sie währenddessen oder danach ständig infrage zu stellen. Ob es die richtige Entscheidung war, hängt in vielen Fällen nicht von deiner Entscheidung ab, sondern davon, was du daraus machst. Ob du dein Essen so gut wie möglich genießt oder dich stattdessen selbst geißelst, weil du das Falsche gewählt hast, ist auch eine Entscheidung, die du triffst – ob du willst oder nicht.

Wie du dich entscheidest, ist in vielen Situationen deines Lebens nicht so wichtig (außer du versuchst im dichten Verkehr die Straße zu überqueren). Es trägt ein wenig zum Ergebnis bei. Es trägt dazu bei, auf welchem Weg du dein Ziel erreichst. Aber es ist nicht unbedingt entscheidend dafür, OB du dein Ziel erreichst. Wenn du deine Entscheidungen mit der gebührenden Kraft triffst, kann es gut sein, dass du an einem ganz anderen und rückwirkend betrachtet sehr viel erstrebenswerterem Ziel anlangst.

Vergeude deine Energie nicht damit, die optimale Entscheidung zu treffen. Das ist oftmals ohnehin unmöglich. Nicht, weil du nicht fähig genug dafür bist, sondern weil es auch sonst niemand kann. Nicht einmal im Nachhinein können wir in vielen Angelegenheiten sagen, ob es besser gewesen wäre, anders zu entscheiden, weil wir ja nicht wissen, wohin uns die andere Entscheidung geführt hätte. Das Leben ist nicht in jeder Beziehung wie ein Restaurant. Es ist komplexer.

Ein klein wenig zumindest. Im Restaurant siehst du ganz genau, wie das andere Gericht ausgesehen hätte und darfst es vielleicht sogar kosten, wenn du mit deiner Entscheidungsfindung nicht allzu nervig warst. Im Leben wird dir nicht vor Augen geführt, was passiert wäre, wenn du dich für den anderen Job oder den anderen Partner entschieden hättest. Zum Glück. Das würde die Therapeuten der Welt massenhaft mit neuen Klienten versorgen.

**» Gute Entscheidungen werden nicht getroffen,
sie werden gemacht,
nachdem sie getroffen wurden. «**

Ein scheinbar kleiner, aber wesentlicher Aspekt noch, was deine Entscheidungen angeht. Wenn du dich für etwas entscheidest, ist es oft zwingend erforderlich, dich gegen etwas anderes zu entscheiden – „für das Nicht" könnte man sagen. Im Restaurant kannst du – großen Hunger vorausgesetzt – vielleicht noch beides haben: das Schnitzel und die Pizza. Bei der Wahl deines Partners gestaltet sich das schon deutlich schwieriger. Ich weiß, nicht unmöglich, aber sagen wir mal, nur mit sehr viel Kraftaufwand und stabiler emotionaler Zustände aller Beteiligten. Eine Portion Glück kann wahrscheinlich auch nicht schaden.

Doch in den meisten Bereichen musst du dich für das Nicht entscheiden, was oft sehr viel schwerer fällt, als dich für etwas zu entscheiden. Doch wenn du das nicht schaffst, nimmt es deiner Entscheidung die Kraft. Wenn du es nicht schaffst, triffst du keine Entscheidung, zumindest keine, die die Bezeichnung verdient hätte.

Und wenn du dich gar nicht entscheidest? Dann triffst du letztlich auch eine Entscheidung, nämlich jene, alles so weiterlaufen zu lassen, wie es ist. Nur ist es eben eine kraftlose Entscheidung, die gegen jede, die du mit Kraft triffst, den Kürzeren zieht.

Beginn spätestens jetzt damit, deine Entscheidungen mit Kraft zu treffen. Geh ins nächste Asia-Restaurant und triff die Speisenauswahl innerhalb von 30 Sekunden ab dem Moment, in dem du die Speisekarte öffnest. Schlage die Speisekarte demonstrativ zu und ruf sofort den Kellner, um zu bestellen. Achte dabei auf das Gefühl, das damit einhergeht. Es ist ein gutes. So fühlt sich jemand, der Entscheidungen treffen kann. Und wenn du im Asia-Restaurant sattelfest bist, dann nimm das Gefühl und die neu gewonnene Fähigkeit, zu entscheiden, mit in andere, wichtigere Situationen, die das betreffen, was du im Leben erreichen willst. How you do anything, you do everything.

REGEL #9

UMGIB DICH MIT DEN RICHTIGEN MENSCHEN

Was wäre, wenn du dich mit ein paar Leuten zum Essen treffen würdest? So fünf oder sechs Personen. Regelmäßig. Einmal pro Woche. Vor dem Essen einen Drink an der Bar, nach dem Essen zwei. Man plaudert, spricht über dieses und jenes. Über das Leben, den letzten Urlaub, den Job bzw. das Business, das, was gerade Schlagzeilen macht. Man äußert Meinungen, mal übereinstimmende, mal kontroverse. Ein ganz normales Abendessen unter Freunden könnte man sagen.

Und doch gibt es eine Besonderheit. Du triffst dich nicht mit den Leuten, mit denen du dich in deinem echten Leben triffst, sondern du hast die vollkommen freie Wahl, dir diese Gruppe zusammenzustellen. Männer, Frauen, Junge, Alte, Menschen aus allen Ländern der Welt. Jeder steht dir für dein Abendessen zur Verfügung und das sehr gerne. Egal, wie berühmt. Egal, wie erfolgreich. Und die Unbekannten ohnehin. Sogar bereits Verstorbene, wenn du das möchtest. Mit wem würdest du zu Abend essen? Eine schwierige Aufgabe. Gemäß dem, was wir soeben zum Thema Entscheidungen besprochen haben, habe ich es dir nicht einfacher gemacht, indem ich dir eine absolut uneingeschränkte Wahl lasse.

Doch nachdem du das letzte Kapitel gelesen und die Trainingsphase im Asia-Restaurant erfolgreich abgeschlossen hast (vielleicht ja sogar mit Auszeichnung), kann ich dir diese Aufgabe – so denke ich – durchaus zumuten.

Wen wählst du? Ich gehe einmal davon aus, dass es nicht diejenigen sein werden, mit denen du dich ohnehin regelmäßig auf ein Bier oder einen Kaffee triffst. Bei den allermeisten meiner Leserinnen und Leser zumindest. Diejenigen, die sich ohnehin regelmäßig mit denen treffen, die sie im Rahmen meines kleinen Gedankenspiels wählen würden, lesen entweder dieses Buch nicht (so fürchte ich) oder haben den Kern der Idee hinter dieser Aufgabe noch nicht ganz verstanden.

Allein diesem Umstand, dass wir jemand anderen wählen würden als die üblichen Verdächtigen, wenn wir schon die Möglichkeit dazu haben, wohnt ja bereits eine gewisse Aussage inne: „Die Gruppe ist durchaus optimierbar". Und dabei will ich „the usual crowd" gar nicht schlecht machen. Im besseren Fall sind diese nett, liebenswert oder zumindest unterhaltsam.

Aber irgendetwas erwarten wir uns offenbar von dieser Gruppe von Menschen. Insgeheim wissen wir, dass es durchaus wichtig ist, mit wem wir unsere Zeit verbringen. Menschen sind ansteckend – positiv wie negativ. Das alte Sprichwort „Wenn du dich mit Hunden zu Bett legst, wachst du mit Flöhen auf“ hat nichts von seiner Gültigkeit verloren. Daher bemühen wir uns, eine weise Wahl zu treffen – zumindest im Rahmen dieses Gedankenexperiments.

MENSCHEN SIND ANSTECKEND

Wen wählst du aus und vielleicht sogar noch interessanter: Was sind deine Entscheidungskriterien? Sind es besonders berühmte Menschen, Superreiche, besonders schöne oder vielleicht die klügsten oder sportlichsten, die dir einfallen? Das wird wahrscheinlich davon abhängen, was dir in deinem Leben wichtig ist, was du erreichen willst. Wenn du reich werden willst, dann holst du dir vielleicht Warren Buffet an den Tisch. Wenn du dein Unternehmen ausbauen und groß machen willst, dann würdest du dich vielleicht am liebsten mit Elon Musk oder Jeff Bezos treffen. Und wenn es dein Ziel ist, Bestseller zu schreiben, dann speist du möglicherweise mit Stephen King oder Charlotte Link. Mit hoher Wahrscheinlichkeit sind es Menschen, die das, was du erreichen willst, bereits geschafft haben. Und du wählst sie, weil du hoffst, dass du von ihnen etwas lernen kannst, das dich schneller an deine Ziele bringt bzw. dir sogar ganz neue Ziele und Möglichkeiten eröffnet.

Es gibt Studien, die genau das belegen. Wir entwickeln uns in Abhängigkeit von unserer sogenannten Peergroup, dieser eher kleinen Anzahl von Menschen, mit denen wir uns regelmäßig umgeben, zu denen wir den häufigsten und intensivsten Kontakt haben. Die Familie übt natürlich auch einen Einfluss auf den Fortgang unseres Lebens aus – einen gewaltigen sogar –, und doch zählt sie per Definition nicht zur Peergroup, da wir sie nicht gewählt haben bzw. nicht abwählen können.

Die Praxis zeigt, dass wir uns über einen längeren Zeitraum hinweg, in mancherlei Hinsicht dieser Peergroup anpassen. So heißt es, dass die meisten in etwa das verdienen, was dem Durchschnitt der fünf Menschen entspricht, die zu dieser Peergroup zählen. Menschen sind offenbar ansteckend.

Doch eigentlich brauchen wir keine Studien für diese Erkenntnis. Wie unser kleines Gedankenexperiment zeigt, wissen wir das auch so und würden deshalb – wenn wir schon die Wahl haben – Menschen wählen, die uns in der einen oder anderen Hinsicht schon um einiges voraus sind.

Dabei hat dieses Gedankenexperiment einen wesentlichen Unterschied zur gelebten Wirklichkeit. In unserem Experiment denken wir intensiv darüber nach (vielleicht grübelst du ja immer noch), wen wir wählen würden, und treffen dann eine bewusste Entscheidung. Im echten Leben werden in diesem Zusammenhang eher selten so bewusste Entscheidungen getroffen, behaupte ich. Vielmehr ergibt sich die Peergroup ... irgendwie. Meistens sind es Ähnlichkeiten, die uns mit anderen zusammenführen und sie Teil unserer Peergroup werden lassen. Die Kinder, die in dieselbe Klasse wie die eigenen gehen, der nette Arbeitskollege, die Freundin, die noch aus Schulzeiten stammt. Eine bewusste Selektion ist das nicht. Ganz im Gegensatz zu unserem Gedankenexperiment treffen wir unbewusst sogar Entscheidungen, die kontraproduktiv sind, was unser Vorankommen betrifft.

Einerseits treffen wir die Wahl auf Basis von Ähnlichkeiten, weil es Gemeinsamkeiten sind, die uns eine sehr starke Verbindung fühlen lassen. Wir haben Menschen in unserer Peergroup, die in irgendeiner Beziehung so ähnlich sind wie wir. Das bedeutet aber auch, dass es nicht diejenigen sind, die uns voraus, geschweige denn weit voraus sind und von denen wir etwas lernen könnten.

Natürlich kann es sein, dass jemand aus deiner Peergroup in etwa so gut Tennis spielt wie du und ihr euch regelmäßig gegenseitig über den Platz jagt, aber auch ein sehr erfolgreicher Geschäftsmann ist und du gerade dabei bist, dein erstes eigenes Unternehmen zu gründen. Dann kannst du zwar beim Tennis nichts lernen, aber dafür von seinem unternehmerischen Know-how profitieren. Zufall. Und ja, solche Zufälle gibt es immer wieder, doch dich auf Zufälle zu verlassen, ist selten eine gute Strategie für ein erfolgreiches Leben. Aber wenn es nur die Ähnlichkeiten wären, die uns zu Peergroups zusammenbringen und in engem Kontakt bleiben lassen, wäre es nicht ganz so schlimm. Mit Menschen zu tun zu haben, die uns in einem Bereich überlegen sind, stellt eine Herausforderung dar. Da kann es durchaus passieren, dass wir uns während oder nach einer solchen Begegnung klein, schwach oder schlecht fühlen. Und wer fühlt sich schon gerne schlecht? Ich nicht.

» Gleich und gleich gesellt sich gerne. «

Daher bauen wir uns unbewusst oft Peergroups aus Menschen auf, die zwar ähnlich sind, wo wir im Vergleich aber die Nase zumindest ein Stück weit vorne haben. Wir sind etwas sportlicher als die anderen, etwas besser aussehend oder haben ein etwas höheres Einkommen. Da profitieren wir zwar nicht in unserer Entwicklung, aber es ist ein gutes Gefühl, Erster zu sein. Nicht wirklich schlau, aber menschlich verständlich und nachvollziehbar.

Doch das Ganze hat noch eine weitere, negative Facette. Menschen verändern sich. Wir passen uns an unser Umfeld an. Und wenn du die oder der Einzige in deinem engsten Umfeld bist, die/der auf gesunde Ernährung achtet, dann ist die Wahrscheinlichkeit, dass du alle anderen dazu bringst, das auch zu tun, überschaubar hoch. Umgekehrt könnte es sein, dass deine gesunde Ernährungsweise leidet und Schritt für Schritt aufgeweicht wird, wenn dein engster Kreis es vorzieht, sich regelmäßig in Lokalen zu Gelagen zu treffen, bei denen der Alkohol in Strömen fließt und das gesündeste auf der Speisekarte die Artischocken sind, die im fettigen Käse der Pizza schwimmen.

Eine Zeit lang wirst du widerstehen können, doch es ist anstrengend, wenn du allein ständig gegen fünf bis zehn andere ankämpfst. Irgendwann gibst du nach. Zuerst in einem kleinen, unwichtigen Punkt, dann in noch einem und noch einem. Alles eine Frage der Zeit. Und irgendwann stellst du vielleicht mit Schrecken fest, dass Pizza – die gesunde natürlich, die mit den Artischocken drauf – zu einer wesentlichen Nahrungsgrundlage für dich geworden ist. Kurz gesagt: Die anderen ziehen dich runter, statt du sie hinauf.

Zurück zu unserem Gedankenexperiment. Wenn du eine halbwegs weise Wahl triffst, wirst du es nicht schaffen, die anderen hinunter zu ziehen. Warren Buffet wird nach regelmäßigen Treffen mit dir wahrscheinlich nicht auf das Niveau eines Durchschnittsverdieners herunterfallen, zumal ja auch noch Elon Musk, Richard Branson und Jeff Bezos bei den Abendessen dabei wären (bei meinen zumindest) und ihm den Rücken stärken.

Viel wahrscheinlicher ist es – wenn du es lange genug erträgst, das schwächste Glied in der Kette zu sein –, dass dein Einkommen steigt, du vielleicht deinen Job hinschmeißt, um selbst Unternehmer zu werden, und beginnst die Welt ganz generell mit anderen Augen zu sehen. Augen, die dich Möglichkeiten sehen lassen, für die du zuvor schlichtweg blind warst. Kannst du dir vorstellen, wie sehr es dein Leben ändern würde, wenn du dich mit der Gruppe deiner Wahl einmal die Woche treffen könntest?

Von anderen, die in einem Bereich bereits weiter sind, etwas zu lernen, Tipps zu bekommen, eine Vorgehensweise oder bestimmte Informationen vermittelt zu bekommen, ist sehr hilfreich und erspart so manchen Umweg und so manche vermeidbaren Fehler (es reichen jene, die wir trotzdem machen). Dabei ist es nicht einmal das Wichtigste, was du von einer förderlichen Peergroup bekommen kannst. Der aus meiner eigenen Erfahrung noch größere Nutzen spielt sich auf energetischer Ebene ab – ohne esoterisch klingen zu wollen. Es gibt Treffen mit Menschen, die dazu führen, dass ich mich danach deutlich inspirierter, optimistischer und mutiger fühle. Plötzlich mehr Möglichkeiten sehe, die ich nur ergreifen muss. Ja, auch Hindernisse gibt es, aber sie sind überwindbar. Und dann gibt es da auch die anderen, wo das nicht so ist. Ganz im Gegenteil. Doch zu jenen komme ich gleich noch. Nun ist es allerdings wahrscheinlich so, dass ausgerechnet jene Menschen, die du sehr gerne bei deinen Abendessen dabeihaben möchtest, bereits recht dicht gebucht sind (vielleicht sind sie ja schon an meinem Tisch) oder – falls du bereits Verstorbene gewählt hast – keinen großen Appetit mehr haben.

Vielleicht musst du daher deine Wahl revidieren, wenn es darum geht, das Gedankenexperiment ins echte Leben zu übertragen. Das ist zwar schade, aber auch nicht weiter schlimm. Sehr wahrscheinlich gibt es auch außer deiner ersten Wahl noch Menschen, die dir in für dich wichtigen Bereich deutlich voraus sind und von denen du etwas lernen kannst. Bei mir wäre das zumindest der Fall.

Doch das Prinzip ist – im Gedankenexperiment wie im echten Leben – dasselbe. Es geht darum, eine bewusste Wahl zu treffen, mit wem du dich umgibst und wem du einen Teil deiner wertvollen Zeit schenkst. Das wird dir aus mehreren Gründen nicht immer und nicht perfekt gelingen.

Einerseits kann es schwierig sein, passende Menschen zu finden und mit diesen in Kontakt zu kommen. Auch wirst du es trotz allen Bemühens nicht schaffen, jede deiner diesbezüglichen Entscheidungen bewusst und gut überlegt zu treffen. Der Großteil deiner Entscheidungen im täglichen Leben läuft unbewusst ab, was durchaus gewichtige Vorteile mit sich bringt. Würdest du jede einzelne Entscheidung bewusst treffen wollen, würdest du wahrscheinlich mittags immer noch beim Zähneputzen sein. Das soll dir aber auch nicht als Ausrede dienen, Entscheidungen – vor allem so wichtige wie die, wer zu deiner Peergroup zählt – so bewusst und überlegt wie es eben geht, zu treffen.

TRENNUNGSSCHMERZEN

Darüber hinaus – und das ist die größere Hürde – geht es aber auch darum, die bestehende Peergroup kritisch zu hinterfragen und dich von einem Teil der Menschen darin zu trennen. Doch Achtung, wenn du das machst und alle Mitglieder vor deinem geistigen Auge Revue passieren lässt, kann es sein, dass du ernüchtert feststellst, dass du keine Peergroup, sondern vielmehr eine Beergroup hast. Das kann vor allem dann der Fall sein, wenn du so bewusst, unter dem in diesem Kapitel dargelegten Blickpunkten, noch nie auf den Kreis der Menschen, die dich umgeben geschaut hast.

» *Viele Peergroups sind in Wahrheit Beergroups.* «

Doch selbst dann fällt die Trennung von einzelnen Elementen deiner Gruppe, geschweige denn von allen, nicht leicht. Man hat zu viel gemeinsam durchlebt, kennt sich schon so lange. Und ja, der Typ hat die Tendenz zu nerven, nach jedem Treffen mit ihm fühle ich mich energielos und das Leben ist deutlich schwärzer als davor, aber irgendwie ist er doch witzig. Wir wollen Menschen ja auch nicht dadurch verletzen, dass wir gehen. Was wir dabei gerne übersehen, ist, dass wir uns genau dadurch selbst verletzen. Doch Regel #3 (Kümmere dich zuerst um dich selbst) gilt auch hier.

Auch wenn es schwerfällt, du musst Platz schaffen. Vielleicht fällt es dir leichter, wenn du dir vor Augen hältst, dass die Menschen, von denen du dich trennen willst oder besser gesagt musst, wenn du deine Ziele erreichen und dein Potenzial ausschöpfen willst, nicht schlecht sind. Sie sind nur einfach nicht oder nicht mehr passend für dich. Rahmenbedingungen verändern sich, Menschen auch – du ebenso wie die anderen. Es werden kleine Entscheidungen getroffen, die dazu führen, dass die Wege voneinander abzuweichen beginnen, nur zwei oder drei Grad.

Kaum spürbar zu Beginn. Doch nach ein paar Monaten oder Jahren ist aus den zwei oder drei Grad ein riesiger Abstand mit einer unüberbrückbaren Kluft dazwischen entstanden. Um wieder zueinanderzufinden, müssten beide an den Punkt zurückgehen, wo sich die Wege zu trennen begonnen haben ... und dortbleiben. Doch willst du das?

Und woran erkennst du überhaupt, wer diejenigen sind, von denen du dich vielleicht trennen solltest? Falls du das nicht ohnehin schon weißt und nur nicht vollzogen hast, habe ich ein paar Indizien, auf die du achten könntest.

Menschen gehören dann möglicherweise NICHT in deine Peergroup, wenn ...

- sie in keinem einzigen Bereich, der dir wichtig ist, besser bzw. weiter sind als du,
- sie permanent nur über Menschen und Geschehnisse sprechen, aber nie von Ideen und Projekten,
- ständig nur die Vergangenheit und nie die Zukunft das Thema ist,
- du dich nach jedem Treffen schlechter, ausgelaugter und energieloser fühlst,
- du nach zehn Minuten schon nicht mehr weißt, was du mit der Person sprechen sollst und dich zu langweilen beginnst,
- die Themen, die dich bewegen, ignoriert werden,
- Humor nur getränkt in Sarkasmus und Zynismus Platz findet,
- nur über das, was schlecht ist, gejammert wird, statt etwas daran zu ändern,
- sie versuchen, dir deine Ideen, vor allem die großen, auszureden und sei es auch unter dem Deckmantel, nur „dein Bestes“ dabei zu wollen,
- es nicht darum geht, zu wachsen und sich weiterzuentwickeln, sondern nur darum, dass es nicht schlechter wird,
- die Schuld immer bei anderen gesucht wird, statt selbst Verantwortung zu übernehmen.

» Große Geister reden über Ideen, durchschnittliche über Geschehnisse und kleine Geister reden über Menschen. « (Eleanor Roosevelt)

Na? Etwas gefunden auf der Liste? Würde mich wundern, wenn nicht. Wenn mehrere bis viele dieser Kriterien zutreffen, ist eine klare Trennung durchaus empfehlenswert. Denn es bedeutet, dass dir so eine Beziehung nicht nur nichts bringt und dich Zeit kostet (mit der du gemäß Regel #5 geizen solltest), die du besser in andere Menschen investieren solltest, als dir zu schaden.

Wenn du das nicht tust, kann es gut sein, dass die Abneigung gegen sie steigt und sich daraus sogar so etwas wie Hass entwickeln kann. Dabei meine ich gar nicht so sehr den Hass auf jene Menschen, die sich nicht in deiner Peergroup befinden sollten, sondern – viel schlimmer – den Hass auf dich selbst, dafür, dass du das zulässt.

Doch oft ist eine Trennung gar nicht nötig. In den weniger schweren Fällen reicht es auch, den Fokus zu verschieben, dort Zeit und Aufmerksamkeit abzuziehen, die du dann anderen Menschen widmest. Weniger von dem einen und mehr von dem anderen. Manchmal merken die anderen das auch und du musst sie einfach nur ziehen lassen, auch wenn es eine lange Geschichte ist, die damit zu Ende geht.

Doch Moment mal, bevor wir hier weitermachen: „*Ist es nicht kalt und herzlos, unmenschlich geradezu, die Menschen, mit denen ich mich umgebe, nur danach auszuwählen, ob sie mir nützen? Was wäre ich denn für ein egoistischer Mensch, wenn ich das tun würde?*“ könnte jemand an dieser Stelle durchaus berechtigt einwenden. Diesen Einwand kann ich absolut verstehen. Recht geben könnte ich dir trotzdem nicht, wenn du ihn äußerst. Warum? Weil wir unsere Entscheidungen immer auf Basis eines individuell empfundenen Nutzens treffen, wie wir bei Regel #3 (Kümmere dich zuerst um dich selbst) ausführlich besprochen haben. Das bedeutet, dass du auch bisher schon deine Peergroup auf Basis eines Nutzens für dich ausgewählt hast. Das angenehme Gefühl, besser zu sein als die anderen, einfach nicht allein zu sein oder nur nicht Nein sagen zu müssen (Regel #4 – Sage Nein, wenn du Nein sagen willst), wenn man die

Beziehung weiterlaufen lässt. Du siehst, die Regeln greifen ineinander und entfalten in ihrer Kombination ihre wahre Bedeutung.

Du hast also auch bisher schon nutzenorientiert entschieden, wem du deine Zeit widmest (siehe Regel #5 – Sei geizig mit deiner Zeit), allerdings waren dir weder die Kriterien bewusst, noch die Tatsache, dass du überhaupt eine Entscheidung getroffen hast. Das ist nicht netter, moralischer, warmherziger, sondern – im schlechteren Fall – einfach nur weniger schlau und liefert dir ein Ergebnis, mit dem du – Hand aufs Herz – nicht zufrieden bist.

Was ich vorschlage, ist daher keine komplett neue Vorgehensweise, sondern nur eine Durchleuchtung deiner Entscheidungskriterien und vor allem, die Entscheidung bewusst zu treffen, statt einfach nur geschehen zu lassen.

Und wenn du das Gefühl, besser zu sein als die anderen um dich herum, nicht missen möchtest, dann werde eben so gut, dass du besser bist als viele andere. Wachse, statt dir Menschen zu suchen, die du locker überragst, ohne dich anstrengen zu müssen. Das ist die wesentlich ehrlichere Art und Weise, dich gut zu fühlen.

Und wenn du meinst, dass es anderen, von denen du nichts lernen und nicht in irgendeiner Art und Weise profitieren kannst, besser geht, wenn du Zeit mit ihnen verbringst, wenn du meinst, ihnen helfen zu können, dann mache das. Dagegen spricht nichts. Mache daraus entweder ein Business (als Coach z. B.) oder ein Sozialprojekt. Lass sie nur nicht in deine Peergroup.

WOHER NEHMEN, WENN NICHT STEHLEN?

Da ich nun, so hoffe ich, etwaige Zweifel an der Vorgehensweise, deine Peergroup bewusst zu wählen, ausräumen konnte, stellt sich immer noch die Frage: Wie komme ich zu einer guten Peergroup? Dazu musst du erst einmal definieren, welche Art von Menschen du in deiner Peergroup haben möchtest oder solltest. Das ist relativ einfach erklärt. Suche dir Menschen, die die obige Liste von Ausschlusskriterien in bravouröser Form nicht erfüllen oder einfach gesagt: die das Gegenteil von denen sind, von denen du dich trennen möchtest. Und wenn du das erst einmal für dich geklärt hast, stellt sich die Frage: Wie komme ich zu diesen Menschen? Ich bin mir ja nicht sicher, was die Bibel mit „Geben ist seliger als Nehmen" genau meint, wo ich mir aber sicher bin, ist, dass Geben vor Nehmen kommt. Wenn du jemanden für deine Peergroup gewinnen willst, dann überlege dir, was diesem Menschen nützen würde und was du diesbezüglich für ihn tun kannst. Ich weiß, hierzulande haben wir es oft nicht so mit dem Dienen, aber dennoch ... Verdiene dir deine Peergroup. Das ist zumindest eine Variante.

Eine weitere Möglichkeit wäre es auch, eine Peergroup ganz offiziell zu gründen. Ein Konzept zu machen, dir zu überlegen, wen du aus welchen Gründen dabeihaben möchtest, was die Mitglieder davon haben, wie sie profitieren könnten, und sie dann anzusprechen und zu fragen, ob sie mitmachen wollen. Diese Art von Peergroup wird gerne auch als Mastermind bezeichnet.

Das könnte entweder eine monokulturelle Peergroup sein, in der es um ein bestimmtes Thema geht. So könnte ich z. B. eine solche Peergroup für Autoren gründen (und das mache ich vielleicht auch noch). Auch wenn vielleicht noch kein Superstar in dieser so geschaffenen Peergroup ist, können doch alle davon profitieren. Das Ergebnis ist in jedem Fall besser als die allermeisten Peergroups, die sich „so zufällig" ergeben.

Es könnte auch eine multikulturelle Peergroup sein, in der sich Menschen mit unterschiedlichsten Fähigkeiten befinden. Auch daraus können alle Beteiligten ihren Nutzen ziehen.

Die dritte Variante ist es, sich einer bezahlten Mastermind-Gruppe anzuschließen, bei der der Organisator derjenige ist, der den übrigen Mitgliedern in einem bestimmten Thema weit voraus ist, oder/und dafür sorgt, dass die Gruppe entsprechend hochwertig besetzt ist.

Je nachdem, in welchen Bereichen du dich weiterentwickeln willst und was deine Ziele sind, sind alle drei Varianten gangbare Wege und zumeist besser als die am häufigsten praktizierte Variante der unbewussten Wahl.

An dieser Stelle könnte aber doch noch ein Zweifel an dieser Art vorzugehen aufpoppen: „*Ist das nicht zu technisch, auf diese Art und Weise vorzugehen. So entstehen doch keine normalen zwischenmenschlichen Beziehungen. Ausgegangen sind wir eigentlich doch von meiner aktuellen Peergroup, die ich bisher immer als meine Freunde oder Bekannten bezeichnet habe, und jetzt geht es darum, vielleicht sogar dafür zu bezahlen, Menschen treffen zu dürfen. Wo bleibt da die ganz traditionelle Freundschaft?*“.

Das Spannende ist, dass sich die Freundschaft aus diesen Konstellationen heraus entwickelt. Wo man sich zu Beginn vielleicht nur regelmäßig in organisierter Form trifft, entspinnt sich nicht selten in weiterer Folge eine ganz normale Freundschaft. Freundschaft führt typischerweise dazu, dass man sich öfter trifft, sich besser kennt und eine tiefere, persönlichere Beziehung zum Freund oder der Freundin hat. So ist das Konzept Freundschaft definiert.

Noch interessanter ist allerdings, dass das auch umgekehrt funktioniert, wie in Studien immer wieder bewiesen wurde. Dadurch, dass man sich öfter trifft, sich regelmäßig austauscht und sich gegenseitig unterstützt, werden aus anfänglich noch Fremden relativ rasch Freunde. Nur eben dann die richtigen, diejenigen, die dir Energie geben und dir helfen, die nächste Stufe schneller und leichter zu erklimmen.

REGEL #10

GEWINNE, INDEM DU NICHT VERLIERST

Vor Kurzem, beim Zappen über die Fernsehkanäle, um eine Sendung zu finden, die es wert ist, gesehen zu werden, bin ich kurz an einem Film hängen geblieben, der – nicht nur mich – begeistert hatte, als er damals in die Kinos kam: Rocky – Teil 1 mit Sylvester Stallone in der Rolle des Underdogboxers, der sich den Weg bis an die Spitze erkämpft. Gegen alle Widerstände. Die klassische Heldenreise.

Filme aus dieser Zeit sind heutzutage kaum mehr anschaubar, ohne dass sich innerhalb kürzester Zeit schlimmste Langeweile breitmacht – wie ich immer wieder feststelle. In weiten Bereichen wird der Film von ewig langen Einstellungen ohne Cuts und Musik, die Spannung oder zumindest etwas Dynamik erzeugen –, und wenig Text (was den Film allerdings besser macht, weil das, was gesprochen wird, diesen Effekt meistens nicht hat) dominiert. Einmal abgesehen von den Kampfszenen ist er weitgehend einfach nur öde, doch damals hat er mich begeistert. 1976 hat sich auch die Filmwelt noch deutlich langsamer gedreht.

Was mir allerdings aufgefallen ist, als dann zu meiner Erleichterung doch die finale Kampfszene folgte (und ich es so nicht in Erinnerung hatte), war, dass Rocky eigentlich nicht gewonnen hat. Er wurde am Ende zwar als Sieger gefeiert, gewonnen hat aber sein Gegner, der regierende Weltmeister Apollo Creed. Rocky hat nur einfach nicht verloren.

Egal wie oft der übermächtige Gegner auf ihn einschlug, egal wie oft Rocky schwer angeschlagen zu Boden gehen musste, egal wie sehr er taumelte, weil er durch seine verschwollenen Augen kaum mehr etwas sah – Rocky stand immer wieder auf. Nun bin ich kein Mediziner, aber alleine der Blutverlust aus diversen Platzwunden hätte ihn meines Erachtens zusätzlich so schwächen müssen, dass er liegen bleiben hätte müssen. Doch was kümmerte es Rocky. Rocky brauchte offenbar kein Blut, um zu kämpfen. Er stand immer wieder auf.

Oder, noch schlimmer, er fiel gar nicht um. Das ging so lange weiter, dass mir Rockys Gegner leidzutun begann. Da bereitest du dich monatelang professionell auf so einen Kampf vor, landest technisch perfekte Schläge, immer wieder, kannst dir also als Boxer echt nichts vorwerfen und dann fällt dein Gegner einfach nicht um oder steht immer wieder auf. Das ist nicht fair. In einer ganz normalen fairen Welt hätte Rocky schon nach dem ersten schweren Treffer umfallen müssen wie ein Stück Holz, um dann einfach liegen zu bleiben. Ich konnte mir die Frustration von Apollo Creed gut vorstellen.

Als ich bei dem Film hängen blieb, hätte ich nicht gedacht, dass ich daraus noch eine neue Erkenntnis gewinnen könnte. Und eine, es war nicht die vordergründige, offensichtliche „Jeder kann es schaffen"-Botschaft, die der Film kommuniziert. Nein, es war eine eher versteckte, hintergründigere, aber um nichts weniger wichtige:

» Du musst nicht gewinnen, um zu gewinnen. Es reicht, wenn du nicht verlierst. «

Und solange Rocky zwar taumelte, aber stehen blieb, solange er wieder endlos mühsam aufstand, nachdem er zu Boden gegangen war, hatte er nicht verloren. Vielleicht konnte er den Kampf nicht gewinnen, aber am Ende war er zumindest der moralische Sieger, weil er nicht verlor.

Rocky hat gegen Apollo Creed gekämpft, doch das war nur der vordergründige, nach außen sichtbare Kampf. Parallel dazu lief die ganze Zeit über der Kampf gegen sich selbst. Zu Beginn und auch später immer wieder war es der Kampf gegen Selbstzweifel. „Kann ich ihn überhaupt schlagen?" Nach Treffern und Niederschlägen war es der Kampf gegen den eigenen Körper, gegen den Wunsch, einfach nur liegen zu bleiben. Und nur dadurch, dass er all diese kleinen und größeren Kämpfe gegen sich selbst gewann, konnte er letztlich auch den Kampf im Außen gewinnen (wenn auch nicht nach Punkten).

WAS NOCH GEHT, WENN NICHTS MEHR GEHT

Auch wenn die wenigsten meiner Leserinnen und Leser in den Boxring steigen, so ist es doch so, dass wir alle im Leben immer wieder zu kämpfen haben. Meist nicht gegen menschliche Gegner, die zuschlagen. Oft kämpfen wir gegen die Umstände, die Regeln, das Wetter. Doch egal gegen wen oder was wir kämpfen, letztlich ist es immer derselbe Kampf, den wir führen: der gegen uns selbst. Und je mehr kleine Scharmützel oder auch große Schlachten wir gegen uns selbst gewinnen, desto mehr der Kämpfe im Außen werden wir für uns entscheiden. Beim Krafttraining zeigt sich etwas Interessantes ganz deutlich. Oft meine ich, am Ende meiner Kräfte zu sein und keine weitere Wiederholung mehr zu schaffen.

Ich beende die Übung. Außer ich trainiere mit einem Coach, der mir ganz einfach nur „befiehlt", eine weitere Wiederholung zu machen und dann noch eine und noch eine, bei der er mich vielleicht ein wenig unterstützt. Er ist deutlich strenger zu mir, als ich es offenbar sein kann. Er glaubt mehr an mich und meine Möglichkeiten, als ich es tue. Er kennt meine Leistungsfähigkeit besser als ich selbst. Es ist erstaunlich, wie viele Wiederholungen ich oft noch schaffe, nachdem ich am Ende meiner Kräfte angelangt bin.

» Es ist erstaunlich, wie viel noch geht, wenn nichts mehr geht. «

Was die Grenzen deiner Möglichkeiten sind, weißt du in vielen Fällen gar nicht, weil du diese noch nie getestet hast. Nicht annähernd. Wir glauben oft so lange und fest an unsere Grenzen, bis wir sie – manchmal durch Zufall oder aus einer Notlage heraus – überschreiten, um dann festzustellen, dass das, was wie eine Grenze aussah, das, was du für eine Grenze gehalten hast, maximal ein Zwischenstopp ist.

Und wenn du gerade keinen Coach bei der Hand hast, wenn du einen bräuchtest, dann befiehl dir eben selbst, noch eine Wiederholung zu machen oder wieder aufzustehen. Und manchmal ist es schwer. Ich weiß. Manchmal wäre es viel schöner, viel angenehmer, einfach liegen zu bleiben. Doch was dann? Das kann ich dir nicht sagen. Keine Ahnung.

Doch wenn du wieder aufstehst und weitermachst, ist das „Was dann" klar. Einfach den nächsten Schritt machen oder drei Felder zurück und von dort aus weitergehen. Und ja, es schadet nicht, kurz innezuhalten, um zu reflektieren und darüber nachzudenken, was du aus dem letzten Mal Hinfallen lernen kannst. Das mit dem Innehalten aber bitte nur dann machen, wenn du nicht gerade im Boxring stehst. In diesem Fall hebe dir die Reflexion für später auf. Irgendetwas gibt es daraus immer zu lernen. Aus dem Hinfallen sehr viel mehr als aus dem Gewinnen.

WOFÜR IST DAS EINE GELEGENHEIT?

Im Frühjahr 2020 als die Coronakrise über die Welt hereinbrach, traf es mich genauso unvorbereitet und unvermittelt wie viele andere auch. Weite Teile meines Geschäftes wurden von einem Moment auf den anderen ausgelöscht, förmlich pulverisiert. Veranstaltungen größeren Stils, wo ich als Redner auf der Bühne stehen konnte, gab es einfach nicht mehr. Seminare im kleineren Umfang wurden verschoben oder – ein paar wenige – digitalisiert. Mit einem Schlag hatte ich deutlich weniger Einkommen und deutlich mehr Zeit.

Ich hätte mit dem Schicksal hadern und in Selbstmitleid versinken können, und ja, einen kurzen Moment lang gönnte ich mir das auch. Doch was bringt das? Einkommen jedenfalls nicht. Daher stellte ich mir die Frage: Wofür ist das eine Gelegenheit? Denn alles, sprichwörtlich alles ist eine Gelegenheit für etwas. Oft erkennen wir die Gelegenheit nicht, weil wir noch am Boden liegen, zu müde, zu kraftlos und zu angeschlagen, und damit beschäftigt sind, unsere Wunden zu lecken. Wenn das „Wofür ist das eine Gelegenheit?" zu früh kommt, macht es uns nur wütend. Das Potenzial dahinter enthüllt sich uns noch nicht. Und doch ist sie da, die Gelegenheit. Sie lauert und wartet nur darauf, von uns entdeckt zu werden. Wir müssen der Frage ein wenig Zeit geben. Dürfen sie nicht sofort stellen, sondern erst, wenn zumindest der erste Schock verdaut ist.

Ich hatte für 2020 ohnehin geplant, mehr Bücher zu schreiben. Nicht nur zu Marketingzwecken für meine Rednertätigkeit, sondern auch, um sie zu verkaufen und ein eigenes Geschäftsmodell daraus zu machen. Unter uns gesagt, mein Plan war so ambitioniert, dass ich es niemals geschafft hätte, ihn auch nur annähernd umzusetzen, wenn das Jahr normal verlaufen wäre. Gleich vorweg. Jetzt, im Herbst 2020, wo sich die Situation zwar gebessert hat, das Jahr aber immer noch alles andere als normal verläuft, werde ich es dennoch nicht schaffen, mein ursprüngliches Plansoll zu erfüllen.

Aus verschiedenen Gründen. Doch ich bin nicht unzufrieden mit dem, was ich dieses Jahr bereits publiziert habe und durchaus auch ein klein wenig stolz ... wenn ich das darf. In jedem Fall habe ich es geschafft, mehr zu schreiben als die allermeisten Menschen lesen.

Jetzt möchte ich die Coronakrise mit all ihren Auswirkungen in überhaupt keiner Weise schönreden. Und wenn ich die Wahl hätte, würde ich liebend gerne auf all die geschriebenen Bücher verzichten, wenn ich dann auch die negativen Auswirkungen nicht erdulden müsste. Doch die Wahl habe ich nun mal nicht.

„*Wofür ist das eine Gelegenheit?*" hat zumindest dazu geführt, dass ich mit einem Teil der freigewordenen Zeit etwas Sinnvolles gemacht habe, indem ich deutlich mehr Bücher geschrieben habe, als ich sonst geschafft hätte. Möglicherweise hättest du dieses Buch hier nicht in den Händen bzw. am Schirm deines E-Readers und das wäre aus meiner Sicht sehr schade.

Wenn du es nicht schade fändest, weil es dich möglicherweise ohnehin langweilt, dann würde ich dich fragen, warum du immer noch darin liest (immerhin neigt es sich schon langsam dem Ende zu), statt Regel #5 (Sei geizig mit deiner Zeit) zu beherzigen und mit deiner Zeit etwas Vernünftigeres anzufangen.

Das bedeutet also, wenn du hinfällst, kurz liegen bleiben, checken, was passiert ist und wie, den ersten Schock überwinden, deine Wunden versorgen, aufstehen, dich fragen, wofür das eine Gelegenheit ist, den nächsten Schritt überlegen (aber nicht zu lange) und ihn machen. Einen Fuß vor den anderen setzen. Das Leben geht weiter. Das tut es nämlich immer ... egal, was du tust.

Und wenn du auch einmal wankst oder sogar zu Boden gehst, dann hast du noch lange nicht verloren. Verloren hast du nur und erst dann, wenn du liegenbleibst. Solange du wie Rocky einfach immer weitermachst, kannst du gar nicht verlieren. Denn wer gewonnen hat, wird erst am Ende entschieden, und solange du wieder aufstehst und weitermachst, ist es noch nicht das Ende.

» Am Ende ist alles gut.
Und wenn es noch nicht gut ist,
dann ist es noch nicht das Ende. «

REGEL #11

ÜBERTRIFF DIE ERWARTUNGEN

Wann sind wir zufrieden? Wann glücklich? Gibt es einen absoluten Wert in einem Bereich, der uns das Gefühl gibt, zufrieden oder gar glücklich zu sein? Wir handeln oft so, als ob wir das glauben würden. Wenn wir erst das größere Haus haben, wenn wir den Kunden an Land gezogen oder den Partner gewonnen haben, wenn wir soundsoviel auf dem Konto haben, dann sind wir glücklich und zufrieden. Ist das so? Manchmal ja. Aber oft nur für eine enttäuschend kurze Zeit lang. Das bedeutet, dass Zufriedenheit und Glücksgefühl ein scheinbar vergänglicher, manchmal recht flüchtiger Zustand mit kurzem Verfallsdatum sind.

Doch was in diesem Zusammenhang noch viel spannender ist, so meine ich, ist, dass Zufriedenheit an keinen absoluten, sondern an einen relativen Wert geknüpft ist. Wir sind niemals absolut zufrieden, denn dann müsste sich das Gefühl bei jedem Menschen beim Erreichen derselben Werte einstellen. Tut es aber nicht. Nicht nur, dass es von Mensch zu Mensch unterschiedlich ist. Es ist auch für jeden einzelnen Menschen in verschiedenen Situationen unterschiedlich.

Ich gestehe, der Handel hat es nach jahrelanger Gehirnwäsche geschafft und mich zum Schnäppchenkäufer erzogen. Nicht generell, aber wenn es Wein im Angebot gibt, merke ich schon, dass sich so etwas wie Vorfreude auf den allsamstäglichen Wocheneinkauf im Supermarkt einstellt, den ich ansonsten nicht als den am allerbesten investierten Teil meiner Zeit ansehe. Zu meiner Entschuldigung (sollte ich mich dafür überhaupt entschuldigen müssen) kann ich aber vorbringen, dass die Nachlässe wirklich erheblich sind – 25 % und dann noch 5 % zusätzlich für jeden vollen 6er Karton. 30 % lassen mein Weintrinkerherz (oder ist es die Leber?) schon ein wenig schwach werden. Und nein, da werden keine Rabatte auf die Flaschen gegeben, die wegmüssen, weil sie die Zeitgrenze überschritten haben, bis zu der sie durch Lagerung reifen und besser werden. Und auch nicht auf solche, die ohnehin niemals trinkbar würden, egal wie lange man sie liegen lässt. Nein, es werden die ganz normalen guten Weine in der Blüte ihres Lebens zu radikal niedrigeren Preisen verkauft.

Angesichts solcher Angebote können weder mein Herz noch mein Gaumen (und auch nicht die Leber) Nein sagen. Ich lege mir einen kleinen – und manchmal einen größeren – Vorrat zu. Nicht nur, dass ich mich auf die schönen Stunden freue, die meine Frau, Freunde und ich gemeinsam verbringen werden. Ich freue mich auch über die Tatsache, dass ich bei so einem Einkauf schon mal 30, 40 oder gar 50 Euro spare. Immerhin. Zumal ich den Wein ja ohnehin gekauft hätte und nur deshalb, weil ich jetzt mehr gekauft habe, ja nicht mehr trinke ... so hoffe ich jedenfalls und verteidige diese Position auch gegenüber anderslautenden Aussagen aus meinem nahen Umfeld. Manchmal, wenn es sich gerade ergibt und ich am selben Tag einen Freund treffe, kann es sogar sein, dass ich ihm ein wenig Stolz von meiner erfolgreichen Schnäppchenjagd berichte.

Zu einem ganz anderen Thema, das allerdings dann doch wieder etwas mit dem Wein zu tun hat. Statt Geld in Bausparverträgen anzulegen (was heutzutage rational betrachtet gar keinen Sinn mehr macht und trotzdem immer noch gemacht wird), investiere ich in Immobilien. Ich kaufe ab und an eine kleine Wohnung, um sie zu vermieten. Da geht es meist um Kaufbeträge von um die 100.000 Euro. Und natürlich wird da verhandelt. Wenn es mir gelingt, statt der ursprünglich verlangten 100.000 Euro nur 95.000 Euro für die Wohnung zahlen zu müssen, freue ich mich. Klar, würdest du auch, wenn du 5.000 Euro sparst. Wenn es mir allerdings nur gelingen würde, den Preis um 50 Euro zu senken, wäre ich vielleicht nicht enttäuscht (weil die Wohnung trotzdem noch ein gutes Geschäft ist), aber die 50 Euro würden kein Zufriedenheitsgefühl in mir auslösen. Ich würde es auch niemandem voller Stolz erzählen, dass ich beim Wohnungskauf 50 Euro gespart habe.

» *Ein Euro ist nicht gleich ein Euro.* «

Obwohl ... 50 Euro sind 50 Euro. Ob ich die beim Weinkauf oder vielleicht am selben Tag beim Kauf einer Wohnung spare, müsste eigentlich egal sein. Ist es aber nicht. Das Beispiel zeigt, dass Gefühle wie Zufriedenheit oder Freude relativ sind und das in zweierlei Hinsicht. Erstens scheinen wir mehr in Prozenten als in absoluten Werten zu denken und dann auch zu fühlen. 30 % auf eine Flasche Wein sind vielleicht nur 5 Euro, veranlassen uns aber zu einer „30 % Freude". 50 Euro bei einer 100.000 Euro Investition in eine Wohnung sind nur 0,05 %. Also nichts, was ein positives Gefühl auslösen könnte.

Wir vergleichen also offenbar immer eines mit dem anderen und für das gegebenenfalls daraus entstehende Gefühl ist der Unterschied ausschlaggebend und nicht der absolute Wert. So wie in einem Cartoon, den ich kürzlich gesehen habe, in dem ein Mitarbeiter zu seinem Chef sagt: *„Ich weiß, die Geschäfte gehen derzeit nicht gut und daher ist eine Gehaltserhöhung wahrscheinlich nicht möglich.*

Aber können Sie dann nicht wenigstens dem Kollegen Meier weniger bezahlen?". Eine – für alle Führungskräfte unter meinen Lesern – interessante Variante, die Zufriedenheit der Mitarbeiter mit ihren Gehältern zu erhöhen ... nur nicht beim Meier.

Vor allem, und das ist der zweite relative Aspekt, vergleichen wir aber mit dem, was wir erwartet haben. Zufriedenheit oder gar Glücksgefühl entsteht daraus, dass die Wirklichkeit die Erwartung übertrifft. Egal, ob es dabei um große Dinge oder aber nur um Kleinigkeiten geht. Wenn du auf ein Taxi wartest, wissend, dass es zu dieser Tageszeit in dieser Gegend schwer sein wird, eines zu bekommen, und Sekunden später schon biegt eines um die Ecke, freust du dich.

Besonders spannend ist, dass sich der Effekt sogar dann einstellt, wenn es schlechter für dich wird. Wenn du z. B. nach einem dramatischen Kurseinbruch, der den Börsenindex um 20 % nach unten gedrückt hat, mit den schlimmsten Befürchtungen auf dein Depot schaust, um festzustellen, dass dein Depotwert nur um 5 % gesunken ist, kommt in jedem Fall Erleichterung, wenn nicht sogar Freude auf – und das, obwohl du vielleicht gerade ein paar Tausend Euro verloren hast. Aber eben weniger als erwartet.

Das bedeutet nun dreierlei, wenn es darum geht, ein Gefühl der Zufriedenheit oder der Freude auszulösen:

- Zieh die richtigen Vergleiche
- Halte die Erwartungen niedrig
- Übertriff die Erwartungen

Doch nicht alle drei Schlussfolgerungen sind förderlich, wenn es darum geht, das im Leben zu erreichen, was du dir vorgenommen hast bzw. noch besser das, wozu du fähig bist und was deinem Potenzial entspricht.

DIE RICHTIGEN VERGLEICHE

Gleich diese erste Schlussfolgerung ist eine trügerische. Wenn du dich mit anderen vergleichst, gibt es drei Möglichkeiten: Du schneidest bei diesem Vergleich schlechter ab, du schneidest besser ab oder du schneidest gleich gut ab – und alle drei bringen dich nicht weiter, schaden dir sogar.

Wenn du dich mit denen vergleichst, die in dem Bereich, um den es geht, schlechter sind als du, dann kannst du dich (wie bei Regel #9 – Umgib dich mit den richtigen Menschen) zwar gut fühlen, aber warum eigentlich? Das bedeutet ja nicht, dass du gut bist, sondern oft nur, dass die anderen noch schlechter sind. Zu lernen gibt es da nichts. Vorbilder sind da keine zu finden. Schlimmer noch: Du orientierst dich nach unten und wirst im Laufe der Zeit schlechter werden.

Reality Soaps, in denen Menschen gezeigt werden, die ihr Leben in vielerlei Hinsicht nicht im Griff haben und eine schlechte Entscheidung immer noch durch eine noch schlechtere übertrumpfen, sind unter anderem deshalb so beliebt, weil sich im Vergleich dazu wirklich jeder gut und als Gewinner fühlen kann. Voran bringt dich das allerdings nicht.

Wenn du beim Vergleich gleich gut abschneidest, gibt dir das weder ein besonderes gutes Gefühl, noch kannst du etwas aus diesem Vergleich lernen.

Wenn du dich mit jenen vergleichst, die besser sind als du, dann orientierst du dich immerhin in die richtige Richtung. Sei das schwächste Glied in deiner Peergroup und lerne, das auszuhalten, so lange du es schaffst. Doch kann das eben auch immer wieder schlechte Gefühle erzeugen. Diese sind es wert, gefühlt zu werden, wenn dich dieser Vergleich mittelfristig voranbringen soll.

Doch Achtung, nicht jeder, der scheinbar besser in einem Bereich ist, ist es auch. Die sozialen Medien sind voll von Menschen, die sich bemühen, eine Aura des Erfolgs um sich herum aufzubauen. Bei den allermeisten wird diese Aura allerdings von gar nichts außer heißer Luft unterstützt. Wenn man hinter die Kulissen der „Erfolgreichen" blickt, die auf Facebook & Co ihre Erfolge offen zur Schau stellen, steckt dahinter meist erschreckend wenig. Jemand, der ein Kapitel zu einem Buch beigetragen hat, an dem auch 20 andere „Autoren" mitgeschrieben haben, das als

E-Book um 0,99 Cent verschenkt und so in irgendeiner unbedeutenden Nebenkategorie auf Amazon 1 Stunde lang zur Nr. 1 im Ranking gepusht wurde, nennt sich dann gleich einmal Bestsellerautor. Die anderen 20 übrigens auch.

Durch den Vergleich deiner Leistungen mit denen von so jemandem kannst du nichts lernen. Das erzeugt nur unnötigen und vollkommen unproduktiven Neid. Leider bieten die sozialen Netzwerke eine Unmenge solcher Möglichkeiten, schädliche Vergleiche anzustellen. Beim Surfen auf Facebook kannst du ganz leicht den Eindruck gewinnen, dass alle anderen erfolgreich sind, nur du nicht. Das macht dich klein. Rüttelt enorm an deinem Selbstbewusstsein. Schwächt deinen Selbstwert. Wenn du merkst, dass dir Facebook – als Stellvertreter für alle ähnlichen Netzwerke und Plattformen – nicht guttut, dann schau nicht rein. Am besten gar nicht.

Vergleiche dich mit Menschen, die in einem Bereich besser sind als du. Mit solchen, von denen du dadurch etwas lernen und wachsen kannst, aber suche dir diese Vorbilder ganz gezielt und mit Bedacht aus.

DER BESTE VERGLEICH VON ALLEN

In einer Sache besser zu sein als andere, geschweige denn als alle anderen, ist oft schwierig, manchmal – aufgrund biologischer Gegebenheiten – vielleicht sogar unmöglich. Außerdem ist dieser Vergleich auch gar nicht notwendig. Und doch gibt es eine Person, mit der du dich beständig vergleichen und im Vergleich das Ziel haben solltest, beständig besser abzuschneiden. Diese Person bist du selbst, so wie du gestern warst.

Dein heutiges Ich steht sozusagen im permanenten Wettkampf mit deinem gestrigen Ich. Dieser Vergleich hat mehrere Vorteile. Erstens ist er fair, da der andere keine genetischen Vorteile dir gegenüber hat, die es unmöglich machen, ihn oder sie zu übertreffen. Auch die Erziehung, die Kindheit und die Ausbildung sind auffallend ähnlich, um nicht zu sagen identisch. Zweitens führt dieser Vergleich dazu, dass du beständig besser wirst. Dabei macht es gar nichts, wenn es manchmal nur winzige Schritte sind. Wenn du heute nur um ein drittel Prozent (also fast gar nichts) besser bist als gestern, bist du in einem Jahr mehr als doppelt so gut.

Das ist ein Wettkampf, auf den einzulassen es sich lohnt. Was interessieren dich die anderen „Erfolgreichen" da draußen, wenn du dich mit jemandem messen kannst, der dir zwar ebenbürtig ist, auf dessen Schultern du aber stehen kannst, um weiter zu wachsen. Das ist ein Wettbewerb – wenn du es als solchen sehen möchtest –, den du gewinnen kannst. Tag für Tag.

Und wenn du es einmal nicht schaffen solltest? Weil du von gestern noch angeschlagen warst? Weil sich heute alles und alle scheinbar gegen dich verschworen haben? Weil es dir einfach nicht wichtig war, besser zu sein als gestern? Dann sei nachsichtig mit dir und bleibe nett zu dir. Dann war das eben ein Tag Wettkampfpause und den nehmen sogar Weltmeister. Morgen ist auch noch ein Tag.

ERWARTUNGEN ÜBERTREFFEN LEICHT GEMACHT

Genauso, wie du selbst erfreut bist, wenn etwas, was dir wichtig ist, deine Erwartungen übertrifft, sind es die anderen auch. Und es gibt eine Reihe relevanter anderer, die wichtig sind, wenn es um die Erreichung deiner Ziele im Leben geht. Deine Partnerin oder dein Partner, deine Chefin, deine Kunden, deine Freunde – je nachdem, um welche Ziele es geht. Und diese gilt es zu begeistern, von dir und deinen Leistungen, immer wieder einmal ... oder sagen wir, es schadet in keinem Fall, das zu tun. Und begeistern kannst du sie, indem du ihre Erwartungen übertriffst. Positive Gefühle entstehen, wie zu Beginn des Kapitels erwähnt, aus der positiven Differenz zwischen Erwartung und Realität. Nun kannst du natürlich die Erwartungen der anderen dir gegenüber so stark senken, die Latte so niedrig legen, dass du ganz locker und ohne Anstrengung darüber hinwegsteigen kannst. Doch wenn man dir von vorneherein überhaupt gar nichts zutraut, ist das auch keine gute Ausgangsbasis.

Halte daher die Erwartungen der anderen auf einem hohen, aber vernünftigen Level, sodass es immer noch eine beachtenswerte Leistung ist, wenn du sie übertriffst.

Doch oft ist es auch gar nicht schwierig, Erwartungen anderer zu übertreffen. Nicht, weil sie dir nichts zutrauen, sondern weil sie schlichtweg gar nichts in einem bestimmten Bereich erwarten. Der Mitarbeiter, der sich eines Projektes annimmt, das nicht in seiner Stellenbeschreibung steht, dem Vorgesetzten aber am Herzen oder, noch viel besser, im Magen liegt, übertrifft Erwartungen. Der viel beschäftigte Vater, der schon um 16 Uhr nach Hause kommt, nur um den restlichen Tag ausschließlich mit seinen Kindern zu verbringen, übertrifft Erwartungen. Der Partner, der seiner Frau Blumen schenkt, obwohl weder Valentinstag, Geburtstag oder Muttertag ist, übertrifft Erwartungen sosehr, dass sich (oder auch ihn) die Frau fragt, was er angestellt habe – höre ich immer wieder von Männern, die sich aus genau diesem Grund nicht trauen, ihren Frauen unerwartet Blumen zu schenken.

Das mit dem Geben hatten wir schon einmal und hier ist es wieder von Bedeutung. Ob es „seliger denn Nehmen" ist, weiß ich nicht wirklich, und dass du durch das Geben Punkte für das Jenseits sammeln kannst, kann ich dir nicht versprechen. Was ich allerdings versprechen kann, ist, dass dir Geben bereits hier im Diesseits Punkte bringt ... und das ist, meines Erachtens, sogar noch besser.

Viel zu oft warten wir darauf, dass andere Geben und sozusagen in Vorleistung gehen. Mitarbeiter warten darauf, eine Gehaltserhöhung zu bekommen, damit sie dann mehr leisten. Das Dumme an dieser Art zu denken ist, dass es nicht funktioniert, wenn alle es tun. Wenn alle warten, dass die anderen in Vorleistung gehen, dann warten alle. Manchmal ewig.

Und ja, wenn du den ersten Schritt machst, kann es sein, dass dieser nicht wahrgenommen, nicht beachtet wird. Oder er wird zwar gesehen, aber nicht honoriert. Du strengst dich extra an, machst Überstunden und als Lohn gibt es nicht einmal ein Dankeschön. Ja, das kann passieren und passiert Tag für Tag. Dumm gelaufen. Doch das bedeutet nicht, das Prinzip gleich mit über Bord zu werfen und nur wegen eines Fehlversuches das Kind mit dem Bade auszuschütten.

Das Kriterium dabei ist nicht – wie viele meinen –, was du geben MUSST. Das wäre bei Weitem zu niedrig angesiedelt. Damit überrascht oder überzeugst du niemand. Und doch gibt es immer noch viele, viel zu viele, die sich genau danach richten, wenn sie vor der Stechuhr lauern, um eine Sekunde nach Betriebsschluss auszustempeln und ja keinen Moment zu lange in der Firma zu bleiben: Wenn du nur gibst, was du musst, dann werden das die anderen ebenso tun, und du wirst bekommen, was sie dir geben müssen. Damit wirst du nicht zufrieden sein und schon gar nicht glücklich. Statt zu geben, was du musst, gib, was du kannst. Damit dringst du in eine ganz neue Dimension des Gebens und auch des

Erhaltens vor, in der wahre Wunder auf dich warten könnten. Lass dich überraschen.

Letztlich, wenn du die Erwartungen anderer übertreffen und sie für dich einnehmen willst, bleibt dir gar nichts anderes übrig, als den ersten Schritt zu tun. Viele erste Schritte sogar, immer wieder, und mit dem Geben zu beginnen. Ich bin fest überzeugt, es kommt zu dir zurück. Nicht immer auf dem geraden, direkten Weg, und doch kommt es zurück. Es macht sich bezahlt und trägt fette Renditen für dich und deinen Erfolg im Leben. Versprochen.

Doch die Welt ist ein lauter Platz geworden. Um aufzufallen, positiv aufzufallen, musst du manchmal – je nachdem, worum es geht – übertreiben. Bisweilen maßlos, um überhaupt wahrgenommen zu werden.

» Wer nicht auffällt, fällt weg. «

Niemals in der Geschichte hatte das mehr Gültigkeit als heute. Ich weiß, es klingt hart, aber wenn ich es nicht hingeschrieben hätte, hätte es nichts von seiner Gültigkeit und Wirkung eingebüßt. Ganz im Gegenteil. Jetzt, wo es dir (wieder) bewusst ist, hast du die Möglichkeit, es zu akzeptieren. Die Akzeptanz des Ist-Zustandes ist immer der erste und wichtigste Schritt. Akzeptanz bedeutet aber nicht, den Status quo hinzunehmen oder damit zu leben. So möchte ich das in keinem Fall verstanden wissen.

Und wahrgenommen zu werden, gelingt dir viel leichter, viel eher, wenn du dich auf einen bestimmten Bereich fokussierst. Wie bereits erwähnt, nutze ich die Zeit, die mir die Coronakrise verschafft hat, dazu, mehr zu schreiben. Im Grunde nicht wirklich viel (selten mehr als eine Stunde am Tag) und doch mehr als die meisten. Das fällt auf. Die Menschen, die mich kennen, und vor allem auch die vielen, mit denen ich auf einem der sozialen Medien verbunden bin, kennen mich jetzt vor allem auch als Autor. Das hätte ich niemals geschafft, wenn ich nicht einen starken Fokus auf das Schreiben gelegt hätte. Und wie man an diesem Beispiel sieht, kann eine Stunde pro Tag für einen starken Fokus schon ausreichend sein.

Wenn du vorankommen willst, dann musst du dich selbst und andere überzeugen und sie für dich und deine Ideen gewinnen. Vergleiche dich ..., aber nur mit den Richtigen, und vergiss die anderen. Vergleiche dich aber vor allem mit dir selbst, denn du bist nicht der einzig Wichtige, aber gemäß Regel 3 (Kümmere dich zuerst um dich selbst) der wichtigste Mensch in deinem Leben. Wenn du es schaffst, besser zu sein, als du gestern warst – und das ist nicht immer einfach, aber machbar – dann kannst du gar nicht anders, als zu wachsen, jeden Tag einen kleinen Schritt … weit über dich hinaus. Und so jemandem fällt es ganz leicht, seine eigenen Erwartungen zu übertreffen und die der anderen ohnehin.

REGEL #12

FANGE AN, BEVOR DU BEREIT BIST

Magst du Skirennen? Nicht unbedingt selber fahren, aber zumindest zuschauen? Und wenn schon nicht live, dann zumindest bequem und gemütlich auf der Couch von zu Hause aus? Ich kann mich erinnern, dass ich in meiner Jugend ein nahezu fanatischer Zuschauer war. Die Übertragung eines Rennens war ein Grund, alles andere stehen und liegen zu lassen. Alles andere wurde um das Rennen herum geplant. Slalom, Riesentorlauf – Super G gab es damals noch nicht – und natürlich die Königsdisziplin, das Rennen der Rennen: die Abfahrt. Nichts davon durfte verpasst werden. Man muss dazusagen, dass mangels einer herzeigbaren Fußballleistung die ganze sportliche Last der österreichischen Nation traditionell – auch damals bereits – auf den Schultern der Skirennläufer lag.

Doch nicht nur ich war so drauf. Viele meiner Schulkollegen und etliche der Lehrer ebenso. Da wurde schon mal die eine oder andere Mathematik- oder Geografiestunde dafür sinnvoll zweckentfremdet. Einige der Lehrer, die auch einen durchaus guten Tag haben hätten können, ohne das Rennen zu sehen – ja, da gab es ein paar –, waren so schlau, dem Gruppendruck dennoch nachzugeben. Wissend, dass sie ohnehin keine Chance gehabt hätten, die Aufmerksamkeit der Schüler zu bekommen, wenn jene wussten, dass sich ihre Helden gerade die Abfahrtsstrecke hinunterstürzten. Sie wollten auch nicht riskieren, die paar wenigen Beliebtheitspunkte, die sie etwa aufgrund eines Lehrfaches mit wenig Sex-Appeal hatten, auch noch zu verspielen oder sich durch eine solche Dummheit den ewigen Hass der Schüler zuzuziehen.

Und ja, natürlich gab es Ausnahmen – einen Lateinlehrer zum Beispiel. Er widersetzte sich konsequent dem Ansinnen, die Zeit, die für die Lateinstunde vorgesehen war, sinnvoller zu nutzen und beharrte darauf, die Unterrichtsstunde wie vorgesehen für Cäsar und Co. zu verwenden. Dazu muss allerdings auch gesagt werden, dass er nichts zu verlieren hatte. Auf die potenziellen Beliebtheitspunkte hatte er ohnehin schon lange – bei der Wahl seines Unterrichtsfaches – verzichtet und der ewige Hass eines großen Teils der Schüler war ihm gewiss. Da fehlten uns ein wenig die Druckmittel, muss ich gestehen, wohingegen er recht wirksame hatte.

Das führte so weit, dass es zwar nicht ganz „legal“ war, aber als moralisch als absolut legitim angesehen wurde, wenn man vor der letzten Stunde einen Anfall von Übelkeit erlitt, der einen dazu zwang, dringend nach Hause zu fahren, um sich auszukurieren.

Dass zufällig gerade ein Skirennen im Fernseher lief, wenn man gerade zu Hause angekommen war, tat ja der Genesung keinerlei Abbruch. Ganz im Gegenteil. So konnte es schon passieren, dass sich die Klasse gegen Mittag hin (das war die Zeit, zu der die Rennen bzw. die zweiten Durchgänge stattfanden) immer mehr ausdünnte. Besonders an Samstagen war dieses sonderbare gesundheitliche Phänomen zu beobachten.

Um dem entgegenzuwirken, wurden extra Fernseher herangeschafft – Smartphones, Tablets und andere Bildschirme in jedem Raum gab es damals noch nicht – und so platziert, dass die ganze Klasse einen guten Blick auf ihre Helden hatte, wenn sie sich die eisigen Pisten wagemutig hinunterstürzten. Das unbestrittene Highlight der Saison, das wichtigste Rennen in der Königsdisziplin der Herrenabfahrt, war damals (und ist es auch noch heute) das Rennen auf der Streif in Kitzbühel.

Allen übrigens, die die Streif nur aus dem Fernsehen kennen, empfehle ich, die Strecke live zu besichtigen. Als Skifahrer oder auch als Wanderer. Der Eindruck, den man im Fernsehen von der Steilheit und Schwierigkeit der Strecke erhält, wird ihr nicht einmal annähernd gerecht.

Wenn sich die Läufer aus dem Starthäuschen beinahe senkrecht in die Tiefe stürzten, um binnen weniger Sekunden auf über 100 Kilometer pro Stunde zu beschleunigen und gleich darauf in die Mausefalle zu springen, hielten wir Zuschauer förmlich den Atem an. Und wenn es dann einem unserer Helden auf einem der zahlreichen vereisten Buckel und Schläge den Ski verschlug, sodass er beinahe zum Sturz kam, ging ein kollektives Aufstöhnen durch die Klasse. Erst wenn er die Ziellinie mit einem Tempo von 130 Kilometer pro Stunde und mehr überquerte, entspannten sich auch die Muskeln der Zuseher ein wenig. Würde sich jemand die Mühe machen, das genau zu messen, würde es mich nicht wundern, wenn der Kalorienverbrauch während so eines Rennens auch bei den Zuschauern beachtenswert ist. Natürlich nur, wenn man die Sache so ernst nimmt, wie wir es taten.

Und wenn der Beste des Tages nach einer unglaublichen Fahrt dann im Ziel war und jubelnd die Arme in die Höhe riss, wissend, dass ihm ein perfekter Lauf gelungen war, war auch bei uns die Freude groß. So viel Jubel hätten die Lehrerin oder der Lehrer mit ihrem üblichen Programm – Mathematik, Geografie oder auch Biologie – niemals geschafft.

So gesehen war es auch für die Lehrkräfte ein kleines Erfolgserlebnis, das sie sich auf die Fahnen heften konnten.

Doch halt, etwas stört an diesem perfekten Bild. Ist dir der Fehler beim Lesen aufgefallen? Der Lauf des Siegers war definitiv niemals perfekt, auch wenn er von den Kommentatoren gerne mit diesem Prädikat versehen wurde. Der Lauf war meistens gut, sehr gut sogar, sehr viel besser, als ich ihn jemals in meinen kühnsten Träumen auch nur annähernd hinbekommen könnte. Er war besser als der aller anderen Läufer. Aber perfekt ... war er nicht einmal annähernd.

» Nur Verlierer machen keine Fehler. «

Ganz im Gegenteil. Wenn man sich die Fahrt eines Siegers auf der Streif in Zeitlupe ansieht, dann wird es recht deutlich, dass diese im Grunde eine Aneinanderreihung von Fehlern ist. Von kleinen, von größeren und bisweilen auch von dramatischen, die fast, aber eben nur fast, zum Sturz geführt hätten. Kein Läufer in der Geschichte des Rennens schaffte einen auch nur annähernd fehlerfreien Lauf. Doch viele schafften und schaffen etwas anderes. Etwas, das viel erstrebenswerter ist als Fehlerfreiheit: Sie schaffen einen exzellenten Lauf.

Die Streif fehlerfrei hinunterzufahren, würde unweigerlich bedeuten, das Tempo dramatisch reduzieren zu müssen, was wiederum die Chancen zu gewinnen auf null fallen ließe. Das bedeutet, dass jeder, der auf der Streif gewinnen will, damit leben muss, dass sein Lauf eine permanente Abfolge von Fehlern und der Korrektur ebendieser ist.

Dabei will ich die Leistung derer, die sich todesmutig diese Piste hinabstürzen, gar nicht schmälern, indem ich behaupte, ihre Läufe wären fehlerhaft und nicht annähernd perfekt. Ganz und gar nicht. Wenn das, was sie leisten, auch nicht perfekt sein mag, so ist es aber etwas Anderes, etwas viel Besseres. Es ist exzellent.

**» Vergiss Perfektion.
Sei exzellent, das reicht vollkommen. «**

Und das gilt nicht nur auf der Streif. Jeder, der bei irgendetwas im Leben erfolgreich sein oder gar gewinnen will, muss damit leben, Fehler zu machen. Bei Regel #6 (Fehler sind schlecht ... mache mehr davon) haben wir uns ja bereits ausführlich damit beschäftigt, wie wichtig es für den Erfolg im Leben ist, Fehler, ja sogar mehr Fehler zu machen.

PERFEKTION - DER WOLF IM SCHAFSPELZ

Und doch hat Perfektion einen unglaublich guten Ruf, ein Image, das sie nicht verdient. Vielleicht deshalb, weil das Ziel, so man es einmal erreicht und etwas Perfektes geschaffen oder geschafft hat, ein Ergebnis ist, das sich wirklich sehen lassen kann ... bzw. könnte, wenn man bedenkt, wie schwierig es ist, etwas zu vollbringen, das (annähernd) perfekt ist. Schwierig ist es vor allem dann, wenn es um etwas geht, das es wert ist, erreicht zu werden. Natürlich ist es nicht nur für die Superstars von der Streif, sondern sogar für jeden mittelprächtigen Skifahrer relativ einfach, den Babyhang – den, auf dem man mit den Stöcken kräftig anschieben muss, um bergab vorwärtszukommen – perfekt zu bezwingen. Aber wen interessiert das? Spannend sind diesbezüglich nur die schwierigeren, anspruchsvolleren Aufgaben.

Doch selbst die Attraktivität dieses Ziel könnte man kritisch hinterfragen. Wie interessant sind denn perfekte Dinge oder Leistungen tatsächlich? Ich wage zu behaupten, dass vielleicht nicht alles, aber doch vieles erst durch die Imperfektion interessant wird. Erst, wenn es Ecken und Kanten hat, bleiben wir mit den Augen, den Ohren oder den Fingern daran hängen. Das perfekte, makellose Gesicht eines Models, das genau den aktuellen Vorstellungen von Schönheit entspricht, wirkt oft zwar schön, aber doch wenig interessant. Oft verblasst seine Schönheit im Vergleich zu dem Gesicht, das die eine oder andere Sommersprosse aufweist, bei dem das Lächeln etwas schief ist und eine millimeterbreite Lücke zwischen den Vorderzähnen klafft. Das perfekte Gesicht mag vielleicht schöner sein, doch attraktiver ist das andere allemal.

Um aufzufallen, wie es im Rahmen der Regel #11 (Übertriff die Erwartungen) propagiert wurde, ist Imperfektion sogar der einfachere und manchmal einzige Weg. Kürzlich bin ich beim Durchblättern einer Zeitung an einer Anzeige hängen geblieben. Ich brauchte etwa eine halbe Minute, um zweifelsfrei festzustellen, dass diese gedruckt war. *„Was sonst?“* könnte man berechtigterweise fragen, schließlich war sie ja mitten in einer Zeitung. Was ließ mich überlegen und zweifeln? Sie schien wie mit der Hand gezeichnet und war dabei so unperfekt, dass ich es fast nicht glauben konnte, dass sie gedruckt war.

Das führt dazu, dass diese Anzeige ein Vielfaches der Aufmerksamkeit bekam, die ich den übrigen, quasi perfekten Anzeigen in diesem Blatt widmete.

Doch selbst, wenn wir das perfekte Ergebnis für erstrebenswert und gut halten, der Weg dahin ist es nicht. Es ist der Weg zur Perfektion und nicht das Ergebnis, dass diese nicht nur zu einem kleinen Makel macht, sondern zu einer gewaltigen, dicken und fetten, einer ausgewachsenen Schwäche.

In meiner Zeit als Führungskraft in internationalen Konzernen habe ich unzählige Gespräche mit Bewerbern geführt. Eine Standardfrage, die inzwischen wirklich jeder Bewerber kennt und sich daher ordentlich darauf vorbereiten kann (was sie gleichzeitig recht unergiebig macht), ist jene nach den Schwächen. Nun wäre es nicht angebracht, darauf zur Antwort zu geben, dass man keine habe. Das würde nur bedeuten, dass es einem an den Fähigkeiten zur Selbstreflexion mangelt und auf eine unreife Persönlichkeit hinweisen. Daher muss man irgendetwas sagen. An der Stelle preiszugeben, dass man kleine Hunde hasst und diese vom Gehsteig kickt, wenn man ihnen begegnet, oder dass man dem Alkohol zuspricht und das bisweilen in höheren Dosen als die Verarbeitungskapazität der Leber zu leisten vermag, könnte sich auch als veritables Hindernis auf dem Weg zum angestrebten Job herausstellen.

Daher braucht man eine Schwäche, die keine ist – so glaubt man zumindest. Die Perfektion muss dafür oft herhalten. *„Ich bin manchmal ein wenig zu perfektionistisch,"* habe ich unzählige Male als Antwort auf diese Frage zu hören bekommen ... bis ich diese nicht mehr gestellt und wegen Nutzlosigkeit von meiner Liste gestrichen habe.

Doch dabei haben die Bewerber die Rechnung ohne Wirt (in diesem Fall war ich der Gastronom) gemacht. Ich habe diese Aussage für bare Münze genommen und ihr die Bedeutung gegeben, die Perfektion aus meiner Sicht hat: Es ist eine waschechte Schwäche. Genauso gut hätte die Bewerberin oder der Bewerber sagen können: *„Ich verzettle mich mit Kleinigkeiten, die ohnehin nichts bringen, und verliere dabei das Große und Ganze aus dem Blick. Das führt dazu, dass ich langsam bei der Durchführung meiner Projekte bin und nichts gebacken bekomme."*. Das ist zugegebenermaßen nicht ganz so schlimm wie die Sache mit dem Hund oder dem Alkohol, aber auch nicht unbedingt etwas, das die Chancen, den Job zu erhalten, erhöht hätte.

Als ich die Bewerber davon in Kenntnis setzte, was sie gerade gesagt hatten bzw. wie ich das verstehen würde, nahmen sie sehr rasch Abstand von dieser „Schwäche“ und versicherten mir, dass es so schlimm gar nicht sei. Ich bin ziemlich sicher, dass keiner der Bewerber die Frage nach Schwächen nach dem Gespräch mit mir mehr mit „Ich bin manchmal ein wenig zu perfekt“ beantwortet hat. Dabei wollte ich gar nicht ungut sein, sondern die Dinge einfach nur ins rechte Licht rücken und etwas zur Persönlichkeitsentwicklung der Bewerber beitragen. Auch wenn sie den Job vielleicht nicht bekommen haben, konnten sie zumindest von dem Gespräch profitieren und etwas Vernünftiges mitnehmen.

VILFREDO IST AKTUELLER DENN JE

Dabei möchte ich mich in diesem Punkt nicht falsch verstanden wissen. Das bedeutet nicht, dass das Gegenteil, also schlechte Qualität oder Schrott abzuliefern, der Weg ist, den ich zu beschreiten empfehle. Vielmehr sollte dein Ziel gleichzeitig der Maßstab sein, an dem du dein Tun ausrichtest. Nicht das Beste muss es sein, sondern einfach nur gut genug, um damit einen nächsten Schritt zu tun. Gemäß Vilfredo Pareto, dem Entdecker des weithin bekannten Pareto-Prinzips, erreichst du mit 20 Prozent des deines Einsatzes 80 Prozent dessen, was möglich ist. Für die übrigen 20 Prozent im Ergebnis musst du noch die restlichen 80 Prozent an Zeit, Anstrengung, Geld und bisweilen Nerven investieren. Das ist vereinfacht, aber durchaus zutreffend ausgedrückt.

Nun gibt es Menschen, die an dieser Stelle zu diskutieren beginnen würden, ob die Verteilung im vorliegenden Fall nun 80:20, 70:30 oder vielleicht doch 95:10 (auch das habe ich schon erlebt) sei. Dabei übersehen diese meist, dass bereits diese Diskussion ein Ausdruck eines überbordenden Perfektionsstrebens ist. Ist es – was die Botschaft und das Ergebnis betrifft – nicht vollkommen egal, ob nun 80:20 oder 95:10 das im Einzelfall korrekte Verhältnis ist?

„Aber wäre es nicht doch besser 100 Prozent zu erreichen als nur 80 Prozent?“, so eine Frage derer, die sich von dem Gedanken der Perfektion noch nicht verabschieden konnten und denen bereits allein der Gedanke, sich mit 80 Prozent zufriedenzugeben, körperliche Schmerzen verursacht. Ja, 100 Prozent wären besser als nur 80 Prozent, doch in vielen Fällen ist der Preis, den du dafür zu bezahlt hättest, viel zu hoch. Ich bin gelernter Betriebswirt und sage daher, es wäre ein hochgradig unökonomisches Verhalten. Nehmen wir eine 20:80 Verteilung an. Dann könntest du mit 100 Prozent deiner Zeit auch 100 Prozent an Ergebnis erreichen. Wenn du dich allerdings mit 80 Prozent zufriedengibst, könntest du mit den nächsten 20 Prozent deiner Zeit in einem anderen, vergleichbaren Projekt auch 80 Prozent erzielen. Und mit den nächsten 20 Prozent nochmals ... und so weiter. Bis du letztlich mit 100 Prozent deiner Zeit 400 Prozent dessen, was möglich ist, geschafft hast. Überzeugt.

Gibt es Ausnahmen? Ja, natürlich. Wo im Leben gibt es diese nicht? Zum Beispiel wenn es um die Operation am offenen Herzen geht, um den sicheren Betrieb eines Flugzeuges oder aber auch darum, dem Patienten die richtige Arznei auszuhändigen. Und wenn du Apotheker, Herzchirurg oder Pilot bist, solltest du mir heftig widersprechen und auch weiterhin nach Perfektion streben. Bist du das?

Auch wenn es jetzt schon ein wenig durchgeklungen ist, möchte ich dennoch nochmals die Frage aufwerfen, was am Perfektionsstreben so schlecht ist, wenn es darum geht, im Leben voranzukommen?

DER PFERDEFUSS DER PERFEKTION

Sympathie ist ein wesentlicher Erfolgsfaktor im Leben. Du musst nicht Everybodys Darling sein, aber wenn du es schaffst, auf einen guten Teil der Menschen, die auf dich treffen, sympathisch zu wirken, dann ist das grundsätzlich sehr hilfreich für dein Vorankommen. Schon alleine aus dem Grund, weil das Gegenteil – niemand findet dich sofort sympathisch, wenn er auf dich trifft und in weiterer Folge, wenn er mehr mit dir zu tun hat und dich besser kennt ... immer noch nicht – ganz sicher nicht als Faktor angesehen werden kann, der dich schneller an deine Ziele bringt. Kurz gesagt: Sympathisch zu wirken, ist gut.

Doch Perfektion (oder etwas in der Gegend) kann Menschen bisweilen unnahbar, arrogant und distanziert wirken lassen. Wir fühlen uns in Gegenwart von „Perfektionisten“ (wohlgemerkt meist solche, die das anstreben, aber nicht sind) oft klein und minderwertig und scheuen den Kontakt. Perfektionsstreben kann sich daher kontraproduktiv auswirken, wenn es darum geht, sympathisch zu sein.

Das Streben nach Perfektion macht dich auch langsam oder zumindest langsamer, als du sein müsstest. Und Geschwindigkeit ist gerade in der heutigen, sich immer mehr beschleunigenden Welt definitiv ein Wettbewerbsvorteil. Ein großer sogar. Doch das Streben nach Perfektion macht nicht nur langsamer, oft führt es sogar dazu, dass gar nicht begonnen wird ... womit auch immer. Bevor man einen gegebenenfalls unperfekten ersten Schritt setzt und loslegt, wird so lange selbst an diesem getüftelt, dass er letztlich nie gesetzt wird, weil man sich die Latte so hoch gelegt hat, dass man an der Aussichtslosigkeit des Unterfangens, sie zu überspringen, scheitert. Und einfach darunter durchgehen? Das ist genau das, was durch das Streben nach Perfektion verhindert wird. Da gibt es Menschen, die endlich mit dem Laufen beginnen wollen und darauf warten, dass der Freund oder die Freundin Zeit hat, sich ihnen anzuschließen (denn zu zweit fällt es bekanntlich leichter).

Das Wetter muss dann auch noch passen und neue Laufschuhe müssen her, die mit dem Superspezialgel, das die Schritte so dämpft und die Gelenke maximal schont. Vom richtigen Laufgewand – schließlich kann man ja nicht mit dem stinknormalen Sportoutfit loslaufen – einmal ganz abgesehen. Ich könnte die Liste noch lange fortsetzen. Und während ich das täte, gäbe es da die anderen, die einfach in eine Sporthose und ein labbriges T-Shirt geschlüpft sind, die alten Sportlatschen, die zugegebenermaßen schon deutlich bessere Tage gesehen haben, angezogen haben und einfach losgelaufen sind. Und während die einen noch am Outfit tüfteln, sind die anderen schon meilenweit voraus.

Das ist es, was Perfektionsstreben macht, egal, ob es nun ums Laufen geht oder um irgendetwas anderes, das für dich wichtig ist und was du erreichen willst. Es macht dich nicht nur langsam, sondern verhindert oft sogar, dass du jemals beginnst.

» Speed is King. «

MACHE EINEN PLAN ... UND ÄNDERE IHN

Derjenige, der auch nur einen Meter zurückgelegt hat, ist dem, der immer noch dabei ist, seinem Plan den letzten Schliff zu geben, bereits weit voraus. Nicht nur einen Meter. Und ja, mache einen Plan. Pläne sind gut, aber vergänglich und müssen ständig geändert werden, weil sie vom Leben rechts und links überholt werden. Mache eine Plan, aber keinen perfekten. Ein guter reicht vollkommen, um zu beginnen.

Und wenn du dich mit dieser Idee unsicher fühlst, dann denke dabei ans Radfahren. Hast du schon einmal versucht, im Stand mit dem Rad zu balancieren, das Gleichgewicht zu halten. Das ist zwar machbar, braucht aber viel Übung. Und wozu? Es bringt dich nicht weiter. Die Stabilität beim Radfahren kommt, indem du in die Pedale trittst und losfährst. Das Spannende dabei ist, dass du mehr Stabilität gewinnst, wenn du schneller fährst. Am Anfang, beim Losfahren, ist die ganze Sache noch wackelig. Erst ab einer gewissen Trittfrequenz, einer bestimmten Geschwindigkeit, hört das Wackeln auf.

Tritt in die Pedale deines Lebens und fahr schon einmal los. Die Richtung kannst du auch noch unterwegs korrigieren oder ganz ändern. Immerhin weißt du, wie man stabil fährt, und du hast den Lenker in der Hand. Er gibt dir die Macht, deine Richtung zu wählen, aber nur, wenn du fährst. Den Lenker im Stand hin und her zu bewegen, bringt genau gar nichts.

» Beginne, bevor du bereit bist. «

Warte nicht darauf, dass du bereit bist. Fahre los. Beginne, bevor du bereit bist. Bereit wirst du, indem du fährst. Und wenn du etwas anstreben willst, das ich dir durchaus empfehle, dann nicht Perfektion. Exzellenz ist das wesentlich erstrebenswertere Ziel. Sei exzellent und übertrifft dich auf dem Weg dahin selbst. Immer wieder. Tag für Tag.

Mache aus deinem Leben das Meisterwerk, das es sein kann, wenn du es zulässt. Michelangelo wurde gefragt, wie er es denn zustande gebracht hätte, ein so meisterhaftes Kunstwerk wie den David aus einem so groben und unansehnlichen Steinblock zu erschaffen. Die Antwort des Meisters: „*David war bereits da, war immer schon in dem Block. Ich musste ihn nur noch von dem überflüssigen Gestein befreien.*“.

Es steckt alles in dir, was du brauchst. Du musst nur zulassen, dass es herauskommt und für die Welt sichtbar wird. Beginne jetzt damit, allerspätestens, und setze den ersten Schritt, indem du dem Leben sagst, klar und deutlich, oder besser noch ihm lachend ins Gesicht schreist, was du von ihm haben willst.

LEBEN ÄNDERN LEICHTER GEMACHT

Offenbar hat dir das Buch gefallen, sonst hättest du es nicht bis zum Schluss gelesen (außer, du hast geschummelt und vorgeblättert). Und jetzt, wo der eine oder andere Impuls noch frisch ist und dir zu denken gibt, dich bewegt, ist deine Motivation, etwas zu ändern in deinem Leben, vielleicht hoch. Doch ich verspreche dir – ohne dich enttäuschen zu wollen –, das wird aller Voraussicht nach nicht so bleiben. Nicht ewig. Nach einem Tag, einer Woche oder – wenn du gut bist bzw. ich gut war als Autor – einem Monat wird vieles von dem, was dich jetzt bewegt, vergessen sein. Zugeschüttet von der Million anderer Prioritäten, die täglich auf dich einprasseln.

DAS KARTENSET FÜR DIE UMSETZUNG IN DER PRAXIS

Um dem entgegenzuwirken, habe ich mir etwas überlegt, womit du die Motivation und den Fokus auf das, was du ändern willst, leichter aufrechterhalten kannst. Das „Sag dem Leben, was du von ihm haben willst – 12 + 40 Regeln, damit du es auch bekommst"-Kartenset ist klein und handlich, sodass du es immer mit dabeihaben kannst. Wie zu Beginn des Buches angekündigt, finden sich auf den Karten mehr Regeln als hier im Buch, die allerdings allesamt auf den 12 Regeln hier basieren.

Auf jeder Karte ist eine der Regeln aufgeschrieben, mit einer kurzen Erklärung dazu. Du kannst die Karten auf verschiedene Arten nutzen.

Zum Beispiel kannst sie immer wieder zwischendurch, wenn du gerade Zeit hast, irgendwo wartest oder gerade daran denkst, durchschauen. Dadurch wirst du die Regeln mehr und mehr verinnerlichen und zum Bestandteil deines Denkens machen.

SAG DEM LEBEN, WAS DU VON IHM HABEN WILLST

12 + 40 Regeln im Kartenset

Erhältlich bei Amazon und im gut sortierten Fachhandel.

JEDEN TAG 1 KARTE

Du kannst dir aber auch jeden Tag eine der Karten vornehmen und dich auf diese Regel fokussieren (entweder der Reihe nach oder du ziehst eine beliebige). Denke den ganzen Tag über immer wieder an diese eine Regel. Das Interessante ist, dass dir an diesem Tag – wie durch Magie – eine Menge Situationen unterkommen werden, auf die du diese Regel wunderbarerweise perfekt anwenden kannst. Ich glaube allerdings, dass es sich dabei weniger um Magie als selektive Wahrnehmung handelt, die durch deinen Fokus entsteht. Aber wie auch immer, es funktioniert.

DIE KARTEN ALS ENTSCHEIDUNGSHILFE

Du kannst die Karten aber auch als Entscheidungshilfe nutzen. Wenn du eine Entscheidung zu treffen hast – vielleicht eine, die mehr Bedeutung hat als die Speisenauswahl im Asia-Restaurant –, gehe die Karten durch und frage dich bei jeder einzelnen, wie dir diese hilft, deine Entscheidung bestmöglich zu treffen und den richtigen Weg einzuschlagen.

Wenn du mehr der intuitive Typ bist, kannst du in derselben Situation z. B. auch blind drei Karten ziehen und diese auf deine Entscheidungssituation anwenden. Oder aber du beziehst noch eine andere Person mit ein (vor allem dann, wenn sie auch von der Entscheidung betroffen ist) und lässt sie ziehen. Oder, oder, oder ... Du siehst, mit den Karten hast du eine Menge Möglichkeiten und wahrscheinlich fallen dir noch einige mehr ein, an die ich noch gar nicht gedacht habe.

Wenn das der Fall ist, schicke mir eine Mail an service@romankmenta.com, dann kann ich diese Ideen mit den anderen Lesern teilen.

Sollte ich dir Lust auf die Karten gemacht haben (was durchaus in meiner Absicht lag), dann hole sie dir am besten gleich jetzt bei Amazon.

Ich wünsche dir viel Spaß damit!

ÜBER DEN AUTOR

Business Coach Roman Kmenta ist seit mehr als 30 Jahren als Unternehmer, Keynote Speaker und vielfacher Bestsellerautor international tätig. Er unterstützt als Berater Menschen und Unternehmen dabei, ihre Ziele zu erreichen. Das Thema „Erfolgsfaktoren für Karriere und Leben" beschäftigt ihn seit Jahren beruflich wie privat.

In seinem wöchentlichen Blog und Podcast, den jeden Monat mehr als 25.000 Menschen lesen oder hören, informiert er über Strategien für mehr Erfolg – beruflich wie persönlich. Mit seinen Vorträgen setzt er Impulse bei Menschen und Unternehmen. In zahlreichen Büchern gibt er seinen Lesern Denkanstöße und Informationen für die nachhaltige Nutzung der persönlichen Potenziale.

www.romankmenta.com

Wenn alle Deutschen nur einen einzigen Tag statt fernzusehen diese Zeit in ein gemeinsames Projekt stecken würden, könnte über 200.000 Arbeitsjahre an diesem Projekt gearbeitet werden!

Es ist geradezu unglaublich bzw. erschreckend, wie viel Zeit wir mit manchen Tätigkeiten verbringen. Ein paar Minuten pro Tag summieren sich zu gewaltigen Mengen an wer voller Lebenszeit. Im Buch erfahren Sie, was Ihre persönlichen größten Zeitfresser sind. Oft sind diese in Bereichen, wo sie diese nie vermutet hätten. Gleichzeitig ist es ebenso erstaunlich, wie wenig Zeit manche Ihrer Aktivitäten beanspruchen, die Sie an die Stelle dieser Zeitfresser setzen können. Dabei geht es nicht um klassisches Zeitmanagement, sondern um eine vollkommen neue und bahnbrechende Sichtweise auf die Auswirkung von Zeit auf Ihren Erfolg.

In nur 5 Minuten pro Tag können Sie wahrhaft Gewaltiges bewirken und in jedem Fall Ihr Leben und vielleicht sogar die Welt ändern.

Das perfekte Geschenk für deine beste Freundin ... oder für dich selbst

Beste Freundinnen – was wäre das Leben ohne sie? Mit wem sonst würdest du feiern, wenn es dir gut geht? Wer sonst wäre für dich da, wenn es dir schlecht geht? Wem könntest du alle Geheimnisse anvertrauen, auch die verborgensten? Wer sonst würde auch dann noch für dich da sein, wenn sie diese kennt? Wer sonst würde mit dir lachen und mit dir weinen, wenn es sie nicht gäbe? – Beste Freundinnen.

Autorin – Alice Anders
Ein Produkt von VoV media

„Was soll ich bloß posten?" –
Diese Frage stellen sich Unternehmer und Unternehmen, die Content Marketing betreiben, immer wieder? Um mehrere Social-Media-Kanäle professionell zu bespielen, braucht es eine Menge interessanter, informativer oder auch humorvoller Inhalte. Einmal pro Woche etwas zu posten, reicht schon lange nicht mehr. Selbst einmal pro Tag ist auf manchen Kanälen zu wenig. Daher finden Sie in diesem Buch über 150 Ideen und Strategien für Ihr Online-Kanäle.

Vom selbstständigen Dienstleister zum erfolgreichen Unternehmer

Viele Selbstständige arbeiten zu viel und verdienen zu wenig. Sie befinden sich in einem Hamsterrad, das sie sich selbst geschaffen haben, und versuchen diesem zu entkommen, indem sie schneller laufen. Doch das funktioniert nicht. Burnout statt mehr Erfolg ist oft das Resultat.
Die Lösung heißt nicht schneller, sondern größer.
Die Lösung ist Wachstum. Doch damit das Unternehmen wachsen kann, muss zuerst der Unternehmer wachsen und sich verändern und vom Jobbesitzer zum echten Unternehmer werden.

Printed in Poland
by Amazon Fulfillment
Poland Sp. z o.o., Wrocław

73916100R00092